घर-वापसी

घर-वापसी

(राजस्थानी भाषा, साहित्य एवं संस्कृति अकादमी व विष्णु हरि डालमिया
पुरस्कारों से सम्मानित उपन्यास)

यादवेन्द्र शर्मा 'चन्द्र'

वाणी प्रकाशन

वाणी प्रकाशन
ज्ञान के विविध आयामों के प्रकाशक

वाणी प्रकाशन का 'लोगो' विख्यात चित्रकार मक़बूल फ़िदा हुसेन की कूची से

वाणी प्रकाशन, 4695, 21-ए, दरियागंज, नयी दिल्ली-110002
वाणी प्रकाशन, अशोक राजपथ (पटना कॉलेज के सामने), पटना (बिहार)

GHAR-VAPASI

by Yadvendra Sharma 'Chandra'

Novel

ISBN : 978-93-5000-063-2

प्रथम संस्करण

मूल्य : 150/-

वाणी प्रकाशन

फोन : 0091#11#23273167, 23275710

फैक्स : 0091#11#23275710

वेबसाइट : www.vaniprakashan.in

ई-मेल : vaniprakashan@gmail.com

vani_prakashan@yahoo.com

आर.टेक ऑफसेट प्रिंटर्स द्वारा दिल्ली-110095 में मुद्रित

मैं इतना ही कहूँगा...

'घर-वापसी' मेरा मूल राजस्थानी में लिखा बहुचर्चित-बहुप्रशंसित उपन्यास 'हूँ गोरी किण पींव री' का मेरे द्वारा किया गया अनुवाद है। यह उपन्यास राजस्थान भाषा, साहित्य एवं संस्कृति अकादमी और विष्णु हरि डालमिया पुरस्कारों से सम्मानित है। इसे हिन्दी व राजस्थानी भाषा में अत्यन्त लोकप्रियता प्राप्त हुई है और यह कई पाठ्यक्रमों में भी है।

यह उपन्यास बीकानेर के अंचल विशेष से सम्बन्धित एक सीधी-सादी व सहज कथा पर आधारित है जो अपने सहज घटनाक्रम के कारण अत्यन्त ही रोचक है। जीवन की रहस्यमयता अज्ञात होती है और वह कैसे प्राणी को कठपुतली की भाँति नचाती है—यह इस कृति में द्रष्टव्य है।

यह उपन्यास 'राष्ट्रदूत' साप्ताहिक में धारावाहिक छपकर अत्यन्त ही लोकप्रिय हुआ। विश्वास है कि उपन्यास आपको भी रुचिकर लगेगा। पाठक अपनी राय लिखेंगे।

यादवेन्द्र शर्मा 'चन्द्र'

आशालक्ष्मी, नया शहर
बीकानेर, राजस्थान-334004

घर-वापसी

हरद्वार!

हर की पौड़ियाँ। वहाँ की चहल-पहल के बीच वह बावन अवतार की प्रतिरूप डोकरी! अत्यन्त हँसालु और मजेदार! जब मिलती तब दस नये पैसे का सवाल करती। न देने पर बच्चे की तरह रूठ जाती। कहती, "मैं ऐसी-वैसी साधूनी नहीं हूँ। हर एक से नहीं माँगती हूँ। वैसे एक्टर देवानन्द मुझे थोड़ा-सा फिल्म का काम करने के लिए पाँच सौ रुपये दे रहा था। राजकपूर..."

और मैं उसे खट से दस पैसे दे देता। वह आशीष देकर चली जाती।

गंगा की क्षिप्र धारा में नहाते स्त्री-पुरुष! उन सबके बीच हमारे नव-परिचित किन्तु घनिष्ठ मित्र स्वामी ज्ञानानन्द। उनका प्रभावशाली व्यक्तित्व। बोलते तो जैसे सूक्तियाँ निकलतीं। धीरे-धीरे उनसे मेरी मित्रता बढ़ती गयी। गेरुए वस्त्रों में वे साँझ को ठीक पाँच बजे हर की पौड़ियों पर आ जाते और लँगोट बाँधकर गंगा की तीव्र धारा में उतर जाते। हम भय से रोमांचित हो जाते और वे तैरते रहते और तैरकर वापस आ जाते। बाहर निकलते ही हरि ॐ हरि ॐ कहते। लँगोटी पहनते। चादर लपेटते। मन्दिरों के दर्शन करते। गंगा जी की आरती में सम्मिलित होते, फिर चले जाते। यही क्रम! सदा का। अपरिवर्तित।

परिचय भी उनसे संयोग से ही हुआ था। वे गंगा की बर्फानी और क्षिप्र गति से प्रवाहित होने वाली धाराओं में से नहाकर निकले थे। मैंने पूछा—"आपको डर नहीं लगता? कितनी तेज बर्फीली धारा है? आदमी अपने को इनमें कैसे सँभाल पा सकता है स्वामीजी?"

वे कपड़े पहनते गये, मुस्कराते गये। एक अर्थ भरी मुस्कान! शान्त गम्भीर मुस्कान। मेरे दोबारा प्रश्न किए जाने पर वे बोले—"भय से हम बहुत दूर आ गये हैं।"

"पर मृत्यु!" सहसा मैंने पूछा।

वे चौंके। अपने गेरुए वस्त्रों व आसपास के वातावरण पर दृष्टिपात करते हुए बोले—"उससे भी नहीं डरता। जीवन की महानतम उपलब्धि मृत्यु है। पर तुम कौन हो? तीर्थ यात्री हो?"

"नहीं स्वामीजी! मैं एक लेखक हूँ। यहाँ घूमता-धूमता आ गया। शान्त स्थान लगा। अपने मन को यांत्रिक नगरों की सरगर्मी और थकान से बचाने के लिए यहाँ चला आया। परम शान्ति मिलती है यहाँ। जाने का मन ही नहीं करता यहाँ से।"

फिर अनेक बातें हुईं। अन्त में स्वामीजी मेरे परम आदरणीय मित्र बन गये। सदा मिलने लगे।

एक दिन हम मनसा देवी जा रहे थे। मेरे साथ मेरा मित्र गौरीशंकर था।

मनसा देवी एक पहाड़ की चोटी पर स्थित है। विकट-दुर्गम रास्ता। मृत्यु की पल-पल आशंका। हम चलते रहे। जब मनसा देवी के मन्दिर पहुँचे तब हमने एक साथ यह निर्णय लिया कि भविष्य में ऐसी संकटपूर्ण यात्रा नहीं करेंगे। कितना खतरों से भरा रास्ता।

हम वहाँ सुस्ता ही रहे थे कि हमारी नजर स्वामीजी पर पड़ी। हमने जाकर तुरन्त उन्हें नमस्कार किया।

वे मुस्कराते हुए बोले—"कहिए लेखक जी, क्या हाल-चाल है?"

"सब ठीक है स्वामीजी! यह मनसा देवी मन की इच्छा पूरी करेगी या नहीं, यह तो मैं नहीं जानता; पर रास्ते में मरने के भाव बहुत सस्ते हो गये थे। कितना विकट रास्ता है? कई बार गिरते-गिरते बचा।"

स्वामीजी हमें एक किनारे ले गये। वे हमारे साथ बैठ गये।

गहरा एकान्त था। वहाँ से हरद्वार की पहाड़ियाँ और गंगा की दूर-दूर तक की बहती धारा दिखाई पड़ रही थी। आकाश की ओर दृष्टि करके वे बोले—"तुम लेखक हो न, तुम आदमी के बहिर्अन्तर्मन को समझते हो? आदमी के भीतर न जाने कितने झंझा होते हैं। मेरे भीतर भी एक झंझा है। उसे आज बाहर निकालना चाहता हूँ। तुम्हें एक कहानी सुनाता हूँ। सच्ची कहानी! तुम्हें मालूम होगा कि इस अनास्था के युग में जब नास्तिकता का जोर है, आदमी एक झूठी खुशी के पीछे पागल है, खोखली समृद्धि के लिए लालायित है, अपने लोगों के बीच रहकर भी खुद को अजनबी महसूस करता है, ईश्वर को खुले रूप से गाली निकालता है, उसे मरा हुआ घोषित कर देता है, ऐसी स्थिति में मेरा अनुभव है, इन एकन्त क्षणों का विश्लेषण है कि कोई एक ऐसी अजानी-अनदेखी सत्ता है, जो हमारे विचार, सत्ता और अस्तित्व के विरुद्ध प्रतीत होती है। हमारे सामान्य जीवन में गतिरोध, अवरोध और विरोध उत्पन्न कर रही है। वह शक्ति कौन-सी है? बहुत दिनों के चिन्तन के बाद मैं समझा हूँ कि वह है—ईश्वर, प्रकृति और आत्म-शक्ति। पर मैं उसे ईश्वर ही कहूँगा जो हमारे देह-मन्दिर में बैठा है, जो चेतन है—उसमें बैठा है और उसका अमोघ अस्त्र है—मृत्यु!"

स्वामीजी गम्भीर हो गये। फिर बोले—"सुख कहीं भी नहीं हैं, सन्तोष कहीं भी नहीं। सौन्दर्य कहीं भी नहीं है। अन्तर्चक्षु से देखो—कुरूपता और विकृतियाँ ही पाओगे। महाआनन्द के भीतर पीड़ा है, यह पीड़ा ही शाश्वत है, अजर है, अमर है। इसकी निरन्तर अनुभूति जब तुम्हें बतायेगी कि जीवन व्यर्थ है, तब तुम्हारी देह-मन्दिर का ईश्वर जागेगा, तब तुम्हें जन्म की परम उपलब्धि मृत्यु का ज्ञान होगा।" स्वामीजी सहसा रुके। थोड़ा हँसकर बोले—"उपदेश देने की आदत-सी हो गयी है।..." मैं तुम्हें एक कहानी सुना रहा था—मनुष्य को ईश्वर किस तरह अपनी उँगलियों पर नचाता है? उससे किस तरह खिलौने की तरह खेलता है? कैसे उसकी इच्छाओं को रौंदकर उस यन्त्रणा के गह्वर में डालता है। एक त्रासदी। ओह! सुनो, कहानी सुनो!

स्वामीजी ने बड़ी तन्मयता से कहानी सुनायी। मैं सुनता गया। सुनकर धर्मशाला में आ गया। कहानी पर काफी देर तक चिन्तन करता रहा। फिर यह निर्णय किया कि इस पर एक उपन्यास लिखूँगा... उपन्यास। और उपन्यास का श्रीगणेश भी हो गया।

एक विवाह-मण्डप से विदा होती हुई दुल्हन!

राजस्थानी दुल्हन, बीकानेर के निम्न वर्ग की दुल्हन यानी बीनणी।

स्त्रियाँ समवेत दर्दीले स्वर में गा रही हैं—

"खावन्ती थी चावल दाल
बाई सूरज क्यों गयी अे...
इतरो बाबा सा रो लाड
बाई सूरज क्यूँ गयी अे..."

बीनणी (बहू) इस तरह आहिस्ता-आहिस्ता चल रही थी जैसे उसके पाँवों में पत्थर हो और सहेलियाँ भीगे नयनों से विदा का गीत गाती हुई चल रही हैं।

सूरजड़ी जब बारह वर्ष की थी तब ब्याह करके ससुराल के घर में पहली बार आयी थी। कोमल कच्ची कली-सी और अबोध! उसके कुँवारे हाथों में उन दिनों मेहँदी के फूल महक उठे थे। उसकी बहुरंगी चुनरिया 'चवरी' के पवित्र धुएँ से सुवासित हो गयी थी। पति के आधे अंग की स्वामिनी! जिस पाँव सासरे आयी थी, उसी पाँव पीहर वापस लौट गयी। बहुत छोटी थी। अंग विकसित ही नहीं हुए थे। एक नादान-अबोध बच्ची।

पर उसके ससुर ने विनती भरे स्वर में घूँघट में लिपटी अपनी बहू सूरजड़ी से कहा था—"बीनणी! इस घर में कोई औरत जात नहीं है। न तेरे नणद है और न

तेरे सास। तुझे ही जल्दी-से-जल्दी वापस आकर इस घर-बार को सँभालना है। यह घर-आँगन तेरी अडीक रखेगा।''

इसके बाद ससुर ने अपनी बहू को मुँह दिखाई के पाँच रुपये थमा दिये। आशीर्वाद दिया—दूधो नहाओ पूतो फलो। सुहाग मोकलो (बहुत) हुवे।

दूल्हा भॉनी उस समय पन्द्रह वर्ष का था और उसका छोटा भाई माधो तेरह वर्ष का। दोनों भाई आश्चर्य में डूबे हुए यह सब सुन रहे थे। वाक्यों का मर्म भले ही न समझे हों पर वे यह समझ गये थे कि उनका बापू उनकी माँ को याद कर रहा है। माँ की याद आते ही दोनों द्रवित हो गये। भीतर ही भीतर रोने लगे।

विवाह की चहल-पहल दो-चार दिन में समाप्त हो गयी। भॉनी कमठाणे जाने लगा। दिन भर वह मकान बनाने की ईंटें व चूना ढोता था। रात को थका-माँदा आकर सो जाता था। इसके पहले उसे बाप को खाना बनाने में हाथ बँटाना पड़ता था पर इधर विवाह की इतनी मिठाई व साग-पूरियाँ बची पड़ी थीं कि दोनों जून उन्हीं से काम चलाया जाता था। फिर भॉनी बर्तन मलता था और थकान से चूर होकर सो जाता था। कमठाणे में उसे सख्त मेहनत करनी पड़ती थी। बापू तो यदा-कदा कमठाणे जाता था और जब उसे सप्ताह के पैसे मिलते तब वह दारू पीकर आता था। दारू पीकर वह बहकता—अनर्गल अलाप करता था। कभी-कभी बच्चों को पीट भी देता था। दोनों बच्चे मार खाकर सुबकते-सिसकते रहते थे। अपने आँसू वे खुद ही पोंछते थे। फिर रात को चुपचाप सोकर सुबह के सूरज के दर्शन करते थे।

पर भॉनी की इच्छा थी कि उसका छोटा भाई माधो पढ़े-लिखे। पढ़ कर होशियार बने। वह अपनी माँ की इच्छा पूरी करे ताकि हमारे दुःख दरिद्र दूर हो जाएँ। इसलिए वह उसे कुछ भी करने नहीं देता था। दीया जलाकर उसे दे देता था या उसे विनीत स्वर में कहता था—''माधो! वह सामने राजाजी की लगायी रोशनी जल रही है न, उसके नीचे बैठकर पढ़ ले।'' और माधो सरकारी बत्ती के नीचे चुपचाप बैठकर पढ़ता था। पढ़ने में अधिक तेज नहीं था पर कमजोर भी नहीं कहा जा सकता था पर उसमें पढ़ने के प्रति रुचि अवश्य थी।

दोनों भाई एक-दूसरे को बहुत चाहते थे।

भाभी ने विवाह के बाद इस घर में जिस दिन पहली बार अपने पाँव रखे तो माधो बहुत ही खुश था। वह बार-बार भाभी का घूँघट उठाकर उसका चेहरा देखता और फिर ढँक देता था। लाज भरी खामोशी लिये बैठी थी उसकी भाभी। होठ लाज भरी मुस्कान में डूबे हुए थे। उसने सोचा कि कितनी फूटरी है उसकी भौजाई? फिर वह भाभी को देखकर भागा-भागा आया था। आकर भॉनी से बोला था—''भॉनी! तेरी बीनणी बहुत ही फूटरी (सुन्दर) है। पूगल की पद्मण!''

भॉनी शरमा गया था। उसके ललाट पर अचानक हल्का पसीना चमक उठा था। उसने माधो का हाथ पकड़कर स्नेहिल स्वर में कहा था—''तू चिन्ता न कर, तेरे लिए

मैं इससे भी चोखी और फूटरी बहू लाऊँगा। बस तू पढ़ता जा। पढ़-लिख कर होशियार बन जा।''

''धत्।'' कहकर वह भाग गया था।

वह दिन उत्साह और गीतों में गुजरा था।

धीरे-धीरे विवाह का वातावरण समाप्त हो गया। चार दिन के बाद वही कमठाणा। भॉनी और उसके बापू फिर कमठाणे जाने लगे। मजूरी के बिना चूल्हा कैसे जले। दारू कहाँ से पिएँ।... मजूरी तो करनी ही पड़ेगी।

भॉनी अभी-अभी लौटा ही था। उसके हाथ पर कहीं-कहीं चूना लगा हुआ था। उसकी उँगली में जरा-सी चोट आ गयी थी। लहू चू रहा था। उसे देखते ही माधो ने झट से कहा—''क्या हुआ भॉनी? तेरे चोट कैसे लग गयी?''

''एक ईंट गिर पड़ी थी।''

''पट्टी क्यों नहीं बँधायी?''

''अरे! क्या पट्टी बँधाऊँ! जरा-सी लगी है, अपने आप ठीक हो जाएगी। मैं मजूर हूँ ऐसी चोटें आये दिन ही लगती रहती हैं। अपने आप ठीक हो जाएगी। तू चिन्ता न कर। बस तू आटा गूँध दे, मैं रोटियाँ सेंक लूँ।''

''अभी गूँध देता हूँ।'' कहकर माधो पीपे में से आटा निकालने लगा। उसने 'परात' में आटा निकाला। आटे की ओर संकेत करके पूछा—''आटा और निकालूँ?''

''बहुत होगा।''

आटा गूँधते-गूँधते माधो ने पूछा—''भॉनी, ब्याह के बाद लुगाई सासरे आकर खाना बनाती है, फिर तेरी बहू अपनी रोटियाँ क्यों नहीं बनाती। हम सब कितनी तकलीफ पाते हैं।''

''मुझे नहीं मालूम।''

''तुझे क्यों नहीं मालूम?''

''बस कह दिया न, मुझे नहीं मालूम।'' जरा-सा बिगड़कर वह बोला—''तू मुझे अधिक तंग न किया कर, ज्यादा चूँ-चप्पड़ की तो तेरी पूजा कर दूँगा। जिन बातों की मुझे ठा नहीं, मैं कैसे बताऊँगा।''

उसने झट से अपने कान पकड़कर कहा—''अरे बाप रे! इत्ती रीस? तेरे क्रोध से मेरा कलेजा काँपने लगता है।''

''बहुत शैतान हो गया है तू।''

फिर दोनों खाना बनाने लगे। अँधेरा धीरे-धीरे घिरने लगा था। लगभग सौ घरों की यह बस्ती थी। सारे घर कच्चे। लाल-पीले लिपे-पुते। एक मंजिले। कोई-कोई मकान बिलकुल झोंपड़ीनुमा। टेढ़ी-मेढ़ी गलियाँ। छोटे-छोटे चौराहे। उन चौराहों पर नंगधड़ंग बच्चे और अधनंगे बालक 'आडूलो पाडूलो', 'लूणा घट्टी' तथा 'कबड्डी'

खेलते हैं। धूल-धूसरित होकर बाजरी की रोटी और 'कौंदे' की चटनी से पेट की आग को बुझा लेते हैं। तीज-त्योहारों पर इन घरों में 'लापसी' बनती है। दाल-चावल भी। तब ये लोग बड़ी तृप्ति का अनुभव करते हैं। उनके चेहरे देखकर ऐसा लगता है जैसे आज उन्होंने भरपेट खाना खाया है। आज ये तृप्त हैं। सन्तुष्ट हैं।

रसोई में चिमनी जल गयी थी। उसका प्रकाश आँगन में से होता हुआ थोड़ा-सा बरसाली में आ गया था। बहुत ही धुँधला अक्श।

वे दोनों बाजरी की रोटियाँ सेंक रहे थे। मोटी-मोटी रोटियाँ। तभी उसका बापू आ गया। आज वह फिर शराब पीकर आया था। उसके पाँव डगमगा रहे थे। उसने आते ही काँपते-टूटते स्वर में कहा—"खाना बना लिया?"

"नहीं बापू, बन रहा है।"

"नालायको, अभी तक खाना नहीं बनाया। मैं सालों की हड्डी-पसली एक कर दूँगा। बड़े हरामखोर हो गये हो तुम दोनों।"

दोनों लड़के पिता के निरर्थक क्रोध से अचरज में पड़ गये। फिर भी उनकी आँखों में भय की परछाइयाँ तैर गयीं। एक जड़ता-सी दोनों में आ गयी। रोटी के जलने की गन्ध ने भॉनी के ध्यान को भंग किया। उसने रोटी को उथला।

"तुम सालो दिन भर करते क्या हो?" भॉनी के बापू 'कसिया' ने कड़ककर कहा। उसकी पलकें शराब से बोझिल थीं फिर भी गुस्से के कारण एकदम खुल गयीं।

भॉनी ने रोटी को उतारते हुए कहा—"मैं कमठाणे चला जाता हूँ और माधो मदरसे। आने के बाद घर से बाहर ही नहीं निकलते।...और निकलें भी कैसे, घर में बहुत सारे काम रहते हैं।"

उसे अपनी निरर्थक बक-बक ध्यान आ गयी थी। अतः वह बात को बदलता हुआ बोला—"हफ्ता मिल गया?"

"नहीं।"

"क्यों नहीं मिला?"

"मुनीमजी आज नहीं आये थे। मैं सारे दिन उसे अडीकता रहा।"

उसने सन्देहपूर्ण स्वर में कहा—"झूठ तो नहीं बोल रहा है? कहीं पैसों के गुलछर्रे तो नहीं उड़ा लिये दोनों ने मिलकर।"

"नहीं बापू!" भॉनी ने कहा।

"फिर मेरी एक बात और सुन।" वह रसोई के किवाड़हीन दरवाजे के बीच खड़ा होकर बोला—"कल से इस माधो को भी पौशाल (स्कूल) छुड़ा दे। हम लोग पढ़-लिख नहीं सकते। फालतू समय खराब कर रहा है यह। मजूरी करके दो पैसे लाएगा ही। अपन लोग तो कुआँ खोदेंगे तभी प्यास बुझाएँगे।"

"नहीं-नहीं!" वह तड़पकर बोला—"नहीं बापू, माधो स्कूल ही जाएगा। वह पढ़-लिखकर दफ्तर का बाबू बनेगा। वह चूना नहीं ढोयेगा, वह ईंटें नहीं उठाएगा।"

"ईह:!" कसिया ने उसे झिड़का—"किसी राजा का जाया (पैदा किया हुआ) है जो चूना नहीं ढोयेगा। उसे कल से 'कमठाणे' अपने संग ले जाना। मजूर तो मजूरी ही करेगा। समझे। मेरे हुक्म में फर्क नहीं पड़ना चाहिए।"

भॉनी कुछ नहीं बोला। वह चुपचाप रोटियाँ सेंकता रहा। कसिया आँगन में पड़ी खाट पर पड़ गया। फिर रोटियाँ खाने लगा। धीरे-धीरे रात गहरी हो गयी। खाना खाकर उसने दो-तीन डकार लीं फिर भैंस की तरह पड़कर सो गया।

दोनों भाई भी जीम-जूठ कर और बर्तन मलकर सो गये।

काजल-सी रात! सन्नाटा!

दूसरी साँझ आते ही कसिया ने गम्भीर स्वर में पूछा—"माधो कमठाणे गया था?"

उस समय माधो मोहल्ले के लड़कों के साथ 'लूणा-घट्टी' का खेल खेल रहा था। घर में अकेला भॉनी था। वह रोटियाँ बना रहा था। उसके चेहरे पर आग की रोशनी काँपती हुई पड़ रही थी। उसने फुलके को तवे से उतारते हुए कहा—"नहीं। उसे मैं नहीं ले गया।"

"क्यों नहीं ले गया?" जैसे वह चीख पड़ा। फिर वह उस पर भूखे बाज की तरह झपटता हुआ बोला—"मादरकाढ नालायक, तेरी यह मजाल जो मेरी बात को टाल दे? मैं तेरी मारते-मारते जान निकाल दूँगा। तेरे हाथ-पग काटकर चीलों को नुचवा दूँगा।"

वह भॉनी को पकड़कर बाहर खींच लाया। उसके बाल पकड़कर तेजी से हिलाते हुए घूँसे बरसाने लगा। भद्दी-भद्दी गालियाँ देने लगा। चीखने-चिल्लाने लगा। आस-पास के लोग जमा होकर एक बार उन्होंने भॉनी को उसकी गिरफ्त से छुड़ाया।

पड़ोसिन मूलकी तीखे स्वर में बोली, "कसाई कहीं के, बिना माँ के बेटों को क्या इस तरह पीटा जाता है! मारते-मारते अधमरा कर दिया। थू है तेरे बापपन पर। निरदयी हत्यारे!"

कसिया अब भी क्रोध में काँप रहा था। उसके चेहरे की हड्डियाँ और विकृत हो गयी थीं। आँखों से खून बरस रहा था। उसने भॉनी की ओर संकेत करके कहा, "साला मुझसे जबान लड़ाता है, मेरे हुक्म को नहीं मानता। कमीना कहीं का!"

मूलकी स्वभावतः ही दयालु प्रकृति की थी। पति के मरने के बाद उसने रघू से नाता किया था। संयोग की बात थी कि अच्छा खाता-पीता रघू अचानक लकवे की बीमारी के कारण अपाहिज हो गया। लोगों ने एक स्वर में कहा—"यह मूलकी कुलछणी है ही ऐसी। पहले पति को गटक गयी, बाद में अच्छ-भले रघू को चारपाई के लायक कर दिया।" पर मूलकी इन कटु बोलों की कोई परवाह नहीं करती थी। वह सख्त मेहनत करती। लहू को पसीना बनाती और रघू की रोटी और दवा-दारू

का प्रबन्ध करती। धीरे-धीरे लोगों ने उसे एक कर्त्तव्यनिष्ठ करुणामयी औरत मान लिया। उसके प्रति लोगों में जो कटुता और ग्लानि थी वह जाती रही। सब में एक आदर-भाव जन्म गया। क्योंकि वह दूसरों के संकट में सम्मिलित होती थी। उनके दुखों को अपना दुख समझती थी।... हर एक के संकट में हिस्सा लेती।

मूलकी ने करुणा से भरकर कहा—"सुन कसिया! मारने-पीटने से बच्चे ढीठ होते हैं और बिगड़ते हैं। अपने दोनों बच्चों को प्यार करो। लाड़-कोढ करो।" उसका स्वर भावुकता से भर गया—"निपूते की कैसी जिन्दगी? उसे कहीं भी शान्ति नहीं मिलती। उसके सारे लोक बिगड़ जाते हैं। बेटों के बिना घर मसान-सा लगता है। भूतों का बास होता है।"

"लेकिन ये मेरी बात क्यूँ नहीं मानते?"

माधो आ गया था। वह एक कोने में भय से आतंकित हुआ निस्पन्द बैठा था। कसिया उसकी ओर उन्मुख होकर कड़क कर बोला—"बोल, कल से जाएगा न कमठाणे पर कामचोर।"

माधो का अंग-अंग घूज रहा था। उसने घूजते-घूजते कहा—"चला जाऊँगा, जरूर चला जाऊँगा।"

मूलकी का हृदय करुणा से भर गया। वह माधो को अपने से चिपटा कर बोली—"इस बस्ती के सारे बच्चों के भाग फूटे हुए हैं। इतने नंगे-भूखे बच्चे और कहीं देखने को नहीं आते। बड़े निरभागी हैं सब।" फिर उसने कसिया को ताड़ना भरे स्वर में कहा—"सुन कसिया, अब बच्चों को कुछ भी मत कहना। कहेगा तो तेरे हाथ थोहर में उगेंगे। तेरी उँगलियाँ गल जाएँगी। तुझे 'रामदेव बाबा' की सौगन!...चलो भई चलो, भीड़ को मिटाओ। यहाँ क्या कोई नागी नाच रही है? जाओ अपने-अपने घर।"

थोड़ी देर में घर में भय ग्रस्त सन्नाटा छा गया।

तीसरे दिन कसिया ने अपने दोनों बच्चों को अपनी खाट के पास बुलाया। माधो और भॉनी भयग्रस्त से उसके पास आये। आकर चुपचाप बैठ गये। एक 'आले' में चिमनी जल रही थी। उसका हलका-हलका प्रकाश 'बरसाली' में फैला हुआ था।

"भॉनी!" कसिया स्नेहपूरित स्वर में बोला।

"हाँ बापू।" उसके भीतर भय था।

"तुम दोनों कमठाणे जाते हो न?"

"हाँ!" भॉनी ने अत्यन्त विनम्रता से उत्तर दिया—"पर माधो से यह काम नहीं होता है। बापू! इसे पढ़ने दो। देखो, इसके हाथों-पाँवों में फाले से उभर आये हैं। जगह-जगह 'चाँदियाँ' पड़ गयी हैं।"

“धीरे-धीरे अभ्यास हो जाएगा।” कसिया ने सामान्य स्वर में कहा—“हमें पैसों की सख्त ज़रूरत है। पहले से ही हम लोगों पर काफी कर्ज है। तुम दोनों मजूरी पर जाओगो तब खाने-पीने में किसी तरह की मुसीबत नहीं रहेगी। दोनों समय चूल्हा तो जलेगा।”

“पर हमारी माँ की इच्छा थी कि माधो पढ़-लिखकर एक बड़ा आदमी बने। वह सरकार का नौकर बने जैसे पन्नालाल है। पन्नालाल दस बजे अच्छे कपड़े पहनकर जाता है और पाँच-साढ़े पाँच तक वापस आ जाता है। कितना अच्छा और सरल काम है उसका? यही काम करेगा अपना माधो।”

उसकी बात के मर्म को न समझते हुए कसिया किंचित् तिक्त स्वर में बोला—“उसके बाप के पास हजारों रुपये थे। वह परदेश कमाने के लिए गया था...और तेरा बाप एक मजूर है। हाड़-तोड़ मेहनत करने वाला एक मजूर। उनके टाबर मजूरी नहीं करेंगे तो रोटी कैसे खाएँगे। कर्ज कैसे चुकाएँगे।... बेटा मैं किसी को पौशाला (स्कूल) में पढ़ा-लिखा नहीं सकता। बस, तुम अब दोनों कमठाणे जाते रहो, यह मेरा हुक्म है। इसी में हमारा भला है।...”

दोनों चुप हो गये। भॉनी समझता था कि आगे उसके सवाल पर उसे मार ही पड़ सकती है। दोनों उठते हुए बोले—“अच्छा, हम जाकर सो जाएँ।”

कसिया ने कोई जवाब नहीं दिया। चुपचाप पड़ा रहा। अशक्त-सा। अकेला। बरसाली की छत घास-फूस और लकड़ी की बनी थी। उसके ऊपर चूने की परत डाली गयी थी। उस घास-फूस में किसी चिड़िया ने घोंसला बना लिया था। पता नहीं, क्या हुआ कि चिड़िया चक-चक कर उठी। कसिया का ध्यान कुछ क्षणों के लिए उस चक-चक पर केन्द्रित रहा। उसे वह चक-चक बहुत ही चोखी और मोहक लगी थी। इस चक-चक ने एक नये सन्दर्भ को खोला। उसे भॉनी की माँ की याद आ गयी। यादों ने घेराव कर लिया। यादें उसे दुलारने लगीं। इसी तरह भॉनी की माँ भी चक-चक करती थी। हर घड़ी और हर पल। कितनी मेहनत करने वाली वह लुगाई थी। सुबह ‘ओड़ी’ में मिट्टी के बर्तन डालकर बाजार को जाती थी सो साँझ को तीन-चार बजे आती थी। रुपया-अठन्नी पैदा करके ही घर में पाँव डालती थी। कितनी हँसमुख और हिम्मतवाली थी? कसिया का मन उदास हो गया। पत्नी की याद ने उसके कठोर मन को पिघला दिया। वह भर-भर आया। सोचता रहा—अपने विगत को। सुख-दुख भरे अतीत को। कई पल गुजर गये। पर अपनी पत्नी की यादों ने उसका पीछा नहीं छोड़ा। उसके कलेजे को बींध दिया। सहसा उसने पुकारा—“भॉनी, अरे ओ बेटा भॉनी।”

भॉनी भागकर आया। आश्चर्य से बोला—“क्या है बापू?”

“जाकर ठेके से थोड़ा-सा दारू ला दे।... उस आले में बोतल पड़ी है। ठेका भी खुला होगा पता नहीं, आज नींद क्यों नहीं आती? तेरी माँ की याद आ रही है।”

भॉनी ने सावधानी से देखा—उसके बाप के चेहरे का रंग आज कुछ और है। वह कठोरता नहीं है जो प्रायः ऐसे मौके पर उसके मुख पर रहती है। आवाज भी बहुत ही कोमल है। करुणा है। अपनापन है। सदा की तरह वह बोतल लेकर चुपचाप चला गया। अपने बाप को दारू देकर वह सो गया।

सुबह उसने अपने बापू को जगाया। आज बापू का चेहरा काफी शान्त था। कसिया ने विवशता भरे स्वर में कहा—''आज मैं कमठाणे नहीं जाऊँगा। जी घबरा रहा है। शरीर में जैसे शक्ति है ही नहीं। तुम सेठजी के यहाँ कहते जाना। तुम दोनों रोटियाँ बनाकर चले जाओ। मेरे लिए दो रोटियाँ बनाकर रख देना।''

भॉनी ने सिर हिलाकर स्वीकृति दे दी।

धूप ने सारे घर को अपने में दबोच लिया था। धूप के कुछ टुकड़े टूटे हुए किवाड़ की वजह से बरसाली में आ गये थे, आकर अजीब शक्लों में फैल गये थे।

रसोईघर में चूल्हा जल गया था। भॉनी और माधो दोनों पास-पास बैठे थे। माधो उदास मन से अपने हाथों की 'चाँदियाँ' देख रहा था। भॉनी ने उसके मन की पीड़ा को समझते हुए कहा—''दुख न करो माधो, हमारे करम फूटे हुए हैं। हमें यह सब करना पड़ेगा। धीरे-धीरे मेरी तरह तू भी आदी हो जाएगा। हाथ और पाँव की चमड़ी कड़ी हो जाएगी।'' वह आटा गूँधने लगा। आटा गूँधते-गूँधते उसने फिर कहा—''मैं तुझे बड़ा आदमी बनाना चाहता था। पन्नालाल की तरह बाबू! दफ्तर का बाबू! पर हमारे भाग इतने चोखे कहाँ? हम कुम्हार हैं, पर हमारे पास अपना पुश्तैनी धन्धा भी नहीं है। मिट्टी के बर्तन भी नहीं बना सकते। बड़े गरीब हैं हम लोग। फिर बापू की कोजी आदतें और कर्ज।''

माधो कुछ नहीं बोला। चुपचाप अपने हाथों को देखता रहा। धूप की पतली लम्बी लकीर रसोईघर में भी घुस आयी थी। रोटियां अभी तक बन रही थीं। धुआँ-ही-धुआँ फैला हुआ था।

रोटियाँ बनाकर उसे एक कपड़े में बाँधकर वे दोनों भाई कमठाणे चले। चलने के पूर्व सदा की तरह भॉनी ने कसिया से पूछा—''हम चलें, बापू।''

''हाँ बेटा, जाओ पर जल्दी आना। पता नहीं क्यों मेरा जी कल रात से घबरा रहा है। कभी ज्यादा और कभी कम।''

''हम दोनों जल्दी आ जावेंगे।'' फिर उसने नया सवाल किया—''तुम कहो तो हम दोनों आज जाएँ ही नहीं, तुम्हारे पास बैठे रहें।''

''नहीं, नहीं।'' शीघ्रता से हाथ हिलाते हुए कसिया ने कहा—''तुम दोनों जाओ। न जाने से मजूरी कौन देगा, बस जल्दी आ जाना।''

रास्ते में भॉनी ने कहा—''माधो, आज बापू का मुँह उतरा हुआ है। साचेली (सचमुच) उसकी तबीयत खराब लग रही है।''

"हाँ, उसका मुँह उतरा हुआ था।"

"हम आज जल्दी लौट आएँगे।"

"जरूर।"

और जब वे लौटकर घर वाली गली के नुक्कड़ पर आये तब एक कुत्ता घर से बाहर निकला। भॉनी ने तपककर माधो से कहा—"लगता है, बापू फिर पीने चले गये हैं। सोचते नहीं, घर में दो-चार बर्तन हैं यदि उन्हें कोई चुरा कर ले गया तो खाना बनाने की भी दिक्कत होगी कम-से-कम दरवाजा तो बन्द कर जाते।"

माधो बहुत ही थक गया था इसलिए उससे बोला नहीं गया। वह जल्दी से घर जाने की चिन्ता में था। उसने अपने चलने की गति को और तेज कर दिया।

घर के किवाड़ खुले थे।

पूर्ण सन्नाटा पसरा हुआ था। कसिया चादर ओढ़े सोया था। भॉनी ने पुकारा—"बापू!...बापू!.. और बापू!.."

माधो ने उसे बीच में ही टोका—"आँख लग गयी होगी, क्यों जगाता है?"

दोनों जने घर के काम में लग गये। भॉनी को सहसा फिर एक घुटन सी महसूस हुई। वह उठा। उसने जाकर बापू के चेहरे पर लगी चादर को हटाया। वह अनजानी आशंका से चीख पड़ा। आँख फटी हुई देखकर आकुल-स्वर में बोला—"माधो-माधो, जल्दी मूलकी मौसी को बुलाकर ला।"

"क्यों?"

"बस बुलाकर ला। बापू की आँखें फटी हुई हैं।"

माधो भागा। वह जोर से चिल्ला रहा था मौसी, ओ मूलकी मौसी!

मूलकी ने घबराये हुए स्वर में पूछा—"क्या है छोरा! इस तरह क्यों चिल्ला रहा है?"

"बापू!" उसके चेहरे पर आतंक था।

"क्या हुआ बापू को!"

"मौसी जल्दी चल... बापू की आँखें फट गयीं। चल जल्दी चल।..." मूलकी मौसी उसके पीछे हो गयी।

और मूलकी ने ज्यों ही कसिये की नाड़ी को देखा त्यों ही उसके मुँह से एक चीख-सी निकल गयी। फिर दोनों बच्चों को अपनी बाँहों में भरती हुई बोली—"अब इसमें क्या रखा है यह तो मिट्टी है। बापू तुम दोनों को छोड़कर चला गया।"

दोनों बच्चों ने सम्पूर्ण वातावरण को अपने करुण क्रन्दन से भर दिया।

मूलकी कह रही थी—"आदमी यहीं पर आकर हारा है। मौत को कोई नहीं जीत सका। इन बेचारों को क्या मालूम था कि जब वापस लौटेंगे तब इन्हें इनका बापू मिलेगा ही नहीं। ईश्वर की यही इच्छा थी। उसके सामने कोई जोर नहीं चलता।"

अर्थी उठाने के लिए छोटी-सी भीड़ एकत्रित हो गयी थी।

कुछ लोग 'सिणिया' बाँस की व्यवस्था करने लगे। भॉनी ने अपने पास से सारे पैसे दे दिये। शेष मिला दिये मूलकी मौसी ने।

शव-यात्रा शुरू हो गयी।

सब कुछ समाप्त हो गया।

कुछ दिन बीत गये।

माधो को वापस स्कूल में दाखिल करा दिया भॉनी ने। उस दिन भॉनी को अत्यन्त प्रसन्नता हुई थी। उसका कन्धा पकड़कर स्नेहिल स्वर में भॉनी बोला था—"माधो, तू अब सचमुच बाबू बनेगा। ठीक पन्नालाल की तरह दस बजे जाएगा और पाँच बजे वापस लौटेगा। तुझे मेरी तरह चूना-ईंटें नहीं ढोने पड़ेंगे।"

माधो के मन में पढ़ने की इतनी खुशी नहीं हुई थी, जितनी खुशी इस बात की हुई कि अब उसे चूना और ईंटें नहीं ढोनी पड़ेंगी। उसे कारीगर की झिड़कियाँ नहीं सुननी पड़ेंगी।

वह बस्ता लेकर फिर स्कूल जाने लगा। मूलकी इस बीच दोनों बच्चों को समझाती रहती थी। उन्हें धैर्य बँधाती थी। वह उन्हें प्रेम से साथ रहने के उपदेश दिया करती थी। माधो अपनी पढ़ाई में व्यस्त हो गया और भॉनी अपनी मेहनत-मजूरी में लग गया।

जीवन दुर्घटनाओं का केन्द्र है। मनुष्य चिन्मय है फिर भी नियति उसे अपने हाथों का खिलौना बनाये हुए है।

एक दिन माधो ने देखा—भॉनी के हाथ में पचीस रुपये हैं एक साथ इतने रुपये देखकर वह हैरान हो गया। पूछ बैठा—"इतने रुपये कहाँ से लाया तू?"

भॉनी ने कोई जवाब नहीं दिया। एक अर्थभरी मुस्कान उसके होठों पर थिरकती रही। रुपये पंचम जार्ज वाले थे।

"कल तेरे लिए अच्छे कपड़े बनेंगे। जेबों वाला जाँघिया और पूरी बाँह की कमीज! तू चोखे घर का बच्चा दीखेगा।"

माधो को यह सुनकर बड़ी खुशी हुई। वह कई रोज से चाहता था कि उसका भाई भी उसे दूसरे लड़कों की तरह जेबोंवाला जाँघिया बनवा दे जिन्हें हाफपैण्ट कहते हैं। वह ताली बजाकर बोला—"भॉनी! इसे जाँघिया नहीं, हाफपैण्ट कहते हैं। उसके पट्टे जरूर लगवाना। मैं कमीज भीतर डाल कर उसे पहनूँगा। भोत चोखी लगेगी।"

"सब बनवा दूँगा।" उसने उत्साह और विश्वास से कहा। फिर वह चला गया। माधो अकेला रह गया। उसे याद आया कि भॉनी कई रोज से कमठाणे नहीं जा रहा है। फिर ये रुपये कहाँ से आते हैं? वह सोचता रहा पर उसकी छोटी-सी अक्ल में कुछ भी नहीं आया। 'भॉनी क्या करता है।' इस प्रश्न का कोई उत्तर वह अपने आप से नहीं पा सका।

दूसरे दिन शनिवार था, अतः वह स्कूल से जल्दी लौट आया।

भरी दोपहरी थी। सारा मोहल्ला सन्नाटे में डूबा हुआ था। बस्ती वीरान-सी लग रही थी। सूनी-सूनी। गूँगी-गूँगी।

उसने देखा—उसके घर का दरवाजा भीतर से बन्द है। उसने किवाड़ खटखटाये। भॉनी ने भीतर से पूछा—"कौन है?"

"मैं हूँ, भॉनी!"

"ठहर दरवाजा खोलता हूँ।" फिर उसने भीतर से ही कहा—"जाकर देख आ कि 'वधू' घर में है कि नहीं।"

"पर पहले दरवाजा तो खोल। मेरे हाथ में बस्ता है। धूप भी तपे है।" अपने शब्दों पर जोर देकर माधो बोला।

"चाबी ढूँढ़ रहा हूँ दायें हाथ से रख दी है सो मिल ही नहीं रही है। जा जल्दी से पहले उसे देखकर आ।"

"जाता हूँ।" कहकर माधो चल पड़ा। पर उसे कुछ वहम हो गया था। इसलिए वह मुड़-मुड़ कर देखता रहा। अचानक उसे अपने घर से एक लड़की निकलती हुई दिखाई पड़ी। वह उसे जरा भी नहीं पहचान सका। वह जल्दी से वधू के घर जाकर आया। घर में घुसते ही उसने भॉनी से पूछा—"घर में से छोरी कौन-सी निकली थी?"

"कोई नहीं।" उसने साफ इनकार करते हुए कहा।

"वाह! क्या मैं अन्धा हूँ। मैंने उसे अपनी आँखों से घर से निकलते हुए देखा था। वह लाल ओढ़ना ओढ़े हुए थी।"

"अरे कोई नहीं थी। फालतू खोपड़ी न खा। ज्यादा चीं-चप्पड़ करने की जरूरत नहीं। जा अपनी पढ़ाई कर।"

भाई की झिड़की से माधो डर गया। ऐसी झिड़कियाँ उसे यदा-कदा ही मिलती थीं। किन्तु आज उनमें अधिक तिक्तता थी। भॉनी की आँखों में झिड़कते हुए लाल डोरे उतर आये थे। वह विगलित हो उठा। उसकी आँखें भर-भर आयीं दो-चार आँसू भी टपक पड़े। आँसू देखते ही भॉनी का हृदय पिघल गया। गहरी आत्मीयता में आश्चर्य का मिश्रण करता हुए वह बोला—"धत् पगले, रोता क्यों है, जरा-सी बात पर रोने लगा। देख, मैं तेरे लिए क्या लाया हूँ?" उसने माधो को अपनी बगल में दबा लिया। फिर उसे घसीटता हुआ-सा भीतर ले गया। एक 'ठूँगे' में से मावे के लड्डू निकालते हुए कहा—"ले खा, देख मैं तेरे लिए कितनी बढ़िया चीज लाया हूँ, सब खाले।"

कुछ देर वह आनाकानी करता रहा और भॉनी अनुरोध। अन्त में भॉनी ने उसको गुदगुदी की। माधो हँस पड़ा। फिर उसने लड्डू खाये। भॉनी किसी खास काम को जाने की कहकर बाहर चला गया।

लड्डू टूटे हुए थे। माधो को वहम हो गया कि उस छोरी ने जरूर इन लड्डुओं को खाया है। अचानक वह हाथ धोकर मूलकी मौसी के पास गया। मूलकी के पति

की कई रोज से तबीयत ज्यादा खराब थी अतः वह मजदूरी पर नहीं जा रही थी। माधो को देखते ही उसने चक्की चलाना बन्द कर दिया। मूलकी सारा आटा स्वयं पीसती थी। उसका कहना था कि आटा पीसने से तन्दुरुस्ती ठीक रहती है।

"क्यों रे माधो पढ़ने नहीं गया?" मौसी ने उसे देखते ही पूछा–

"गया था, आज आधी छुट्टी हो गयी।" माधो उसके सन्निकट आ गया। धीमे से बोला–"मौसी, एक बात कहता हूँ पर तू भॉनी को नहीं कहेगी। मुझे भी नहीं डाँटेगी।"

"अच्छा बोल!"

"आज भॉनी एक छोरी को लेकर घर में बैठा था और कई रोज से कमठाणे भी नहीं जा रहा है।"

मूलकी उसकी बात से गम्भीर हो गयी। उसका आटे से सना मुखड़ा अजीब प्रभाव दे रहा था। अपने पल्लू से अपना मुँह पोंछती हुई बोली–"कौन थी छोरी?"

"पता नहीं। लाल ओढ़ना ओढ़े हुए थी। मुझे भॉनी ने वधू के घर भेज दिया और उसे पीछे से भगा दिया।"

मूलकी कुछ देर तक सोचती रही कि दाल में कुछ काला है। माधो प्रश्नभरी दृष्टि से उसे देखने लगा। फिर वह फूँक मारती हुई बोली–"अब समझी। वह छिनाल 'मटकी' होगी। बड़ी चटोकड़ है। नयी-नयी पत्तल चाटने की उसकी आदत पड़ गयी है।... और तेरा भाई है न, उसके लक्षण भी आजकल अच्छे नहीं हैं। वह 'गिरी' है न, जुआरी गिरी। उसके साथ रहता है। जुआ खेलता है। ताश खेलता है। डर है कि कहीं दारू-वारू न पीने लग जाए। उसकी संगत से वह तीन कौड़ी का हो जाएगा। अपना सर्वनाश करा लेगा।"

माधो दारू के नाम से चौंक गया। इतना छोटा-सा आदमी कैसे दारू पी सकता है? फिर उसके भाई को यह भी भली-भाँति मालूम है कि दारू पी-पीकर उसके बापू उन्हें कितनी गालियाँ बकते थे। कितनी मार-पीट करते थे। उसे इस पर यकीन नहीं आया। उसने मूलकी से पूछा–"मौसी! क्या तूने भाई को दारू पीते देखा है?"

"नहीं तो। मैंने उसे पीते हुए नहीं देखा। अन्दाजा लगाती हूँ कि वह पीने लगा होगा। यह गिरी है न, बड़ा ही बिगड़ैल है, तीन कौड़ी का है। इसे कोई लाज-शर्म नहीं, इसका कोई धर्म-कर्म नहीं। एकदम गया-गुजरा है। इसकी संगत से ही हीरा पत्थर बन जाता है।"

माधो बहुत चिन्तित हो गया। वह सोचता रहा कि भॉनी यह सब ठीक नहीं कर रहा है। वह कुछ देर तक यूँ ही बैठा रहा। मूलकी बात का समापन करती हुई बोली–"कोई बात नहीं, मैं उसे आज रात को सब बातें पूछूँगी।"

और उसी साँझ मूलकी भॉनी के आने की ताक में बैठी रही।

साँझ काजल-सी रात में घुल गयी। उसके कान भॉनी के घर की ओर लगे हुए थे। लगभग दस बजे किसी ने दरवाजा खटखटाया। मूलकी जल्दी से बाहर निकली और उसने पूछा—"भॉनी है क्या?"

"हाँ मौसी।"

"इतनी रात गये कहाँ गया था?" मूलकी उसके पास आ गयी। भॉनी ने किवाड़ खटखटाने बन्द कर दिये थे। मूलकी की ओर उन्मुख होकर बोला—"जरा दोस्तों के साथ बाइस्कोप (सिनेमा) देखने चला गया था। अच्छा 'बाइस्कोप' था। सती अनसुइया। मौसी! सती अनसुइया ने ब्रह्मा-विष्णु-महेश को छोटे-छोटे बालक बना दिये। भोत चोखा है यह बाइस्कोप। मौसी, तू भी देख आ।"

मौसी ने उसकी बातों पर कोई विशेष ध्यान नहीं दिया। वह पुनः पूछ बैठी, "तेरे साथ गिरी था क्या?"

एक झटका-सा लगा भॉनी के हृदय पर। मौसी को यह कैसे मालूम हो गया? मूलकी से उसका कोई खून का सम्बन्ध नहीं था। वह कुम्हार था और यह भाटिणी थी। फिर भी सारे मोहल्ले में उसका अपना दबदबा था, रुआब था। सारे मोहल्ले वाले किसी-न-किसी तरह उससे दबते थे। डरते थे। वह भी स्वयं भी डरता था। एकदम झूठ बोलता हुआ वह बोला—"नहीं, मैं उसके साथ नहीं गया था। मैं अकेला था। बिलकुल अकेला।"

वह तड़ाक से बोली—"तू झूठ बोलता है। देख भॉनी, मेरे सामने झूठ मत बोलना। मैं सुबह ही झूठ-सच का पता लगा लूँगी। अच्छा यही रहेगा कि तू सच-सच बता दे।"

"मौसी, तू विश्वास कर। मैं अकेला ही था।"

कुछ देर तक मौन उनके बीच में आकर खड़ा हो गया। अँधेरे में कोई एक-दूसरे के चेहरे के भावों को नहीं पढ़ पा रहा था। किसकी आँखों में क्या चमक रहा है, इससे दोनों अनजान थे?

मूलकी ने आघात की तरह दूसरा सवाल किया, "दोपहर को 'मटकी' तेरे घर में थी?"

भयभीत हो गया भॉनी। उसने सोचा कि मौसी ने मटकी को घर में घुसते देख लिया है। बहुत गलत काम हो गया। उसको पसीना आ गया। उससे कुछ बोला नहीं गया।

"झूठ बोलने की चेष्टा मत करना। मैंने अपनी आँखों से उसे घर में आते-जाते देखा था।" वह कुछ कहे इसके पहले ही मूलकी फिर बोली, "ये लक्षण अच्छे नहीं। इस मटकी ने कइयों के घर में दीवार डलवा दी है। भाइयों में बैर पैदा कर दिया है। बड़ी छिनाल औरत है। तुझे इससे सावधान रहना चाहिए। और यह गिरी है न, पक्का जुआरी है। लोगों को उल्टे-सुल्टे रास्ते पर डालता रहता है। मैंने तुझे आगाह कर दिया, अपना धर्म समझकर, फिर तेरी मर्जी!"

बिना उत्तर सुने ही वह वापस चली गयी। भॉनी को लगा कि किसी ने उसके समस्त अस्तित्व को झकझोर दिया है। उसे बेदम बना दिया है। उसने बड़ी कठिनता से दुबारा किवाड़ खटखटाये। इस पर भी जब माधो ने आँख नहीं खोली तब उसने उसे जोर-जोर से पुकारा। माधो ने आकर दरवाजा खोला।

''कब सोये?''

''काफी देर हो गयी।''

''रोटी खा ली?''

''हाँ, तेरे लिए बनाकर रख दी है। तू भी जीम ले।''

दोनों भीतर आ गये। माधो ने चिमनी जला दी। प्रकाश टुकड़े-टुकड़े में होकर बिखर गया क्योंकि जहाँ चिमनी रखी थी, उस आले के आगे कई छेदों वाला काँच लगा हुआ था। माधो ने चिमनी के समीप ही माचिस रखते हुए कहा, ''मुझे नींद बड़े जोरों से आ रही है, इसलिए मैं सोता हूँ।''

इच्छा के न रहते हुए भी भॉनी ने उससे पूछा—''पढ़ाई-लिखाई कैसी चल रही है?''

''ठीक चल रही है।'' माधो ने सोते हुए कहा—''इतनी देर से मत आया कर। मुझे अकेले डर लगता है।''

''कल से जल्दी आ जाऊँगा।'' कहकर भॉनी खाने लगा। उसने एक टुकड़ा मुँह में डाला। उसे वह खाना जरा भी रुचिकर नहीं लगा। उसे महसूस हुआ कि रोटी का वह टुकड़ा किसी पत्थर का टुकड़ा हो गया है। उसने रोटी वापस रख दी। वह खाना नहीं खाएगा। उसे भूख नहीं है। उसके होठों पर कड़वापन कैसे आ गया? उसके मस्तिष्क में घिर गयीं मूलकी मौसी की बातें!

वह उदास, बहुत ही उदास हो गया।

मूलकी मौसी ने जो भविष्यवाणी की वह सच निकली। भॉनी जो शुरू से ही मेहनती, ईमानदार और सहिष्णु था अब बदलने लगा। मूलकी ने एक दिन गाल पर उँगली रखकर माधो से कहा—''यह गिरी है न, यह इतना आवारा और लफंगा है कि इसकी संगत में जो पड़ जाए, वह तीन जहान से चला जाए। यही हाल भॉनी के हो रहे है। पक्का जुआरी हो गया, दारू पीने लगा, मटकी...खैर इस राँड की मैं सारी चाँय-चाँय मिटा दूँगी। बहुत ही हल्लर-फल्लर कर रही है। 'तारा' लगा हुआ है। पंडत जी ने मना कर रखा है कि 'तारे' में किसी नयी दुल्हन को गौना करके पहली बार ससुराल नहीं बुलाना चाहिए। ऐसा करना अशुभ होता है। तारा दस दिन के बाद उतरेगा, फिर तेरी भौजाई को तेरे घर लाकर बिठा दूँगी। कितनी फूटरी है। खपसूरती देखने बनती है। मुझे विश्वास है कि उसके पाँव घर में पड़ते ही घर में लक्ष्मी का

वास हो जाएगा। ऐसे सुन्दर हाथ-पाँव निकाले हैं कि यह भॉनी घर छोड़कर जाएगा ही नहीं। घाघरे का 'ढेरा' बनकर रहेगा।''

''यह तारा क्या होता है।''

''ये सब पंडितों-ज्योतिषों के अड़खंजे हैं। पर इस मामले में आखिर उन्हीं की बात माननी पड़ती है। न मानो तो बड़ा भय लगता है। कुछ बुरा घट जाने की आशंका रहती है। घट जाए तो बहुत सन्ताप होता है 'भगवान! किसी का बुरा न करें।' कहकर मूलकी ने एक-सेकिण्ड के लिए अपना कान पकड़ा और फिर अपना स्वर बदलती हुई वह बोली, ''पर मैं तेरे भाई को सुधार कर ही दम लूँगी। तेरी भौजाई को वह 'पट्टी' पढ़ाऊँगी कि भॉनी सारी आवारागर्दी भूल जाएगा।''

''मौसी! मुझे आजकल उससे डर लगने लगा है।'' अपने हृदय के मन्तव्य को प्रकट करते हुए माधो बोला—''वह दारू पीकर चोर की तरह आता है। मुँह छिपाकर सो जाता है। उसके चेहरे पर बापू की तरह क्रोध नहीं रहता। एक दर्द-सा तैरा करता है, फिर वह सो जाता है। हालाँकि दारू पीकर आदमी बुरा बनता है पर भॉनी का प्यार मेरे प्रति दिन-प्रतिदिन बढ़ रहा है। वह मेरा अधिक ध्यान रख रहा है। अच्छा खाना देता है, अच्छे कपड़े देता है।''

''लेकिन यह सब वह लाता कहाँ से है?... जुआ खेलकर! तुम जानते हो जुआ एक बुरी लत है। उससे घर के घर तबाह हो जाते हैं।... फिर यह गिरी है न, बहुत ही लफंगा है। यह दस देकर पचास लिखाता है। हमीद मियाँ कह रहे थे कि उसके लड़के 'नजाकत' ने उन्हें बताया है कि भॉनी कर्ज से बहुत ही दब गया है। खुले हाथ से कर्ज लेता है। बाद में उसे किसी बुरे नतीजे से टकराना पड़ेगा। क्योंकि कोई भी अपना कर्ज नहीं छोड़ता, और वसूली में दया नहीं दिखाता।''

माधो मूलकी की ओर इस तरह टुकुर-टुकुर देख रहा था जैसे वह उसकी बातों के मर्म को नहीं समझ पा रहा है, उसके लिए ये बातें भारी-भरकम हैं। मूलकी इस बात की कोई चिन्ता न करते हुए कहती रही, ''कोई ऐसे कर्ज नहीं देता।'' उसने सदा की तरह दोहराया, ''यह गिरी है न, बहुत ही निर्दयी आदमी है। कभी तेरे भाई को जेल भिजवा देगा। तब कैसी स्थिति होगी, जरा सोचो? मेरा तो कलेजा बैठने लगता है।''

''मुझे कुछ नहीं मालूम!'' उसने अत्यन्त ही अबोधपन से कहा—''मुझे सिर्फ भय लगता है, भय।''

मूलकी ने गहरे विश्वास से कहा—''मैं सब ठीक कर दूँगी। तू कोई चिन्ता न कर।''

माधो ने अनमने भाव से कहा—''मैं जाता हूँ मौसी, रोटियाँ बनानी हैं और कुछ मदरसे का काम भी करना है।''

"जा बेटा, जा। मन लगाकर पढ़ना। बड़ा आदमी बनना। भॉनी की तरह आवारा न बनना। एक सपूत सात पीढ़ियों का कलंक धो देता है। भगवान तुझे सुखी रखे।"

माधो चला आया।

घर में एकान्त! मौन और एकान्त दोनों मिलकर भयपूर्ण स्थिति को उत्पन्न कर रहे थे। मौसी की बातें चाहे कितनी ही सच्ची और प्रभावशाली क्यों न हों; पर उन सबने माधो की अक्ल को झिंझोड़कर उसमें एक भय जरूर उत्पन्न कर दिया था । वह बैठा-बैठा सोचता था कि उसका भाई जो कर रहा है, वह अच्छा नहीं कर रहा है। वह भाई को मना करेगा, जरूर मना करेगा।

पाँवों की आहट ने उसके ध्यान को भंग किया। उसने देखा भॉनी सब्जी लेकर आया है। वह सब्जी का बोदा थैला रखते हुए बोला—"रोटियाँ सेंक लीं?"

"नहीं तो।"

"क्यों?"

"जरा मूलकी मौसी के पास बैठ गया था। वह कह रही थी कि भॉनी लफंगा बन रहा है।... भॉनी! तुझे गिरी के साथ नहीं रहना चाहिए।"

"वह बकती है।" उसने माधो को ताड़ना दी—"सुन माधो, अपना वक्त फालतू बातों में न बिताया कर।... सारा ध्यान पढ़ने-लिखने में लगा। दफ्तर का बाबू ऐसे नहीं बना जाता? उसके लिए खूब मन लगाकर पढ़ना पड़ता है।... रहीं मूलकी मौसी की बातें! उसकी इधर-उधर बातें करने की आदत है। वह आदत से मजबूर है। लोगों की सच्ची-झूठी बातें न करे तो उसे खाना ही न पचे।... फिर सुन लाडी तुझे इन बातों से क्या लेना-देना, तेरा पहला काम है—पढ़ना, सिर्फ पढ़ना और अपनी माँ के सपने को सच्चा करना। अँग्रेजी पढ़कर बाबू बनना।"

माधो इस डाँट से जरा डर गया। वह चूल्हा जलाने लगा।

आटा पीपे में से निकालते हुए पहली बार भॉनी ने चिढ़कर कहा, "पता नहीं, तेरी भौजाई इस घर में कब आएगी?"

माधो ने हर्ष-भरे स्वर में कहा, "तारा, उतरने पर! भॉनी, मूलकी मौसी भी यही कह रही थी। बस, दस-पन्द्रह दिनों की बात है। सब ठीक हो जाएगा।"

भॉनी भी किसी कल्पना में खो गया।

आखिर एक दिन माधो की भौजाई सूरजड़ी ने अपने ससुराल के घर में पाँव रखा। रमक-झमक हो गयी। हर्ष और उल्लास का वातावरण छा गया। सूरजड़ी गरीब घर की लड़की थी अपने साथ गहने-जेवर गिनती के लायी पर उसमें शालीनता, मधुरता और मेहनत करने की अपूर्व क्षमता थी। मीठी-मीठी बोली हँसमुखी। भॉनी ने पहली रात की 'मुँह दिखाई' चाँदी की एक 'रमझोल' दी जो चलने पर छम-छम बजती थी।

सूरजड़ी ने आते ही सारे घर की व्यवस्था समझ ली और सँभाल ली। वह मूलकी से हर बात पर सलाह-मशविरा लिया करती थी। उसी की वजह से आखिर एक रात जब चाँद आकाश में चमक रहा था। मादक पवन चल रही थी। सूरजड़ी ने भॉनी से कहा—"सुनो, एक बात कहूँ तुम बुरा नहीं मानोगे।" फिर पति के चेहरे पर दृष्टि जमा कर कहा—"तुम दारू क्यों पीते हो? जुआ क्यों खेलते हो?"

भॉनी ने उस बात को टालना चाहा। वह बोला—"फालतू बातें न किया कर। सुन, माधो ठीक पढ़ता है या नहीं?"

"पढ़ता है।" फिर सूरजड़ी अपनी बात पर आ गयी—"तुमने मेरी बात का जवाब नहीं दिया। तुम उस लफंगे 'गिरी' के साथ क्यों रहते हो?"

वह थोड़ा उत्तेजित हो गया। कड़ककर बोला—"कह दिया न, अपना सिर फालतू बातों में न खपाया कर। ज्यादा जबान लड़ाई तो ठीक नहीं रहेगा।" फिर वह अपने आप से जैसे बोला—"यह मूलकी मौसी न जाने लोगों को क्या-क्या पढ़ाती रहती है? एकदम उल्टी-सुल्टी पट्टी। कभी मेरा उससे झगड़ा होगा। सुन, जाकर इस मूलकी को कह देना कि वह मेरे बीच में न आया करे, मेरी बातें करना बन्द कर दे वर्ना कभी मैं उसका मुँह झाड़ दूँगा। खुद तो मालजादी है और बातें करती है सतीसावित्रियों जैसी। हुँ!"

सूरजड़ी उसकी रीस से डर गयी। कहीं भॉनी बात का बतंगड़ न बना दे और मूलकी मौसी से झगड़ न ले, इस बात से डरकर वह बोली—"उसे हमारे बीच में तुम क्यों लाते हो? वह बेचारी जो कहती है, हमारे भले के लिए ही कहती है वर्ना पराये के सुख-दुख में आजकल कौन पड़ता है?"

"मुझे उससे क्या लेना-देना है। पहले भी उसने माधो से उल्टा-सुल्टा कहा था। बस, तू उसे मना कर देना। इसी में उसका भला है। कहीं गुस्से में कुछ अण्ट-सण्ट निकल गया तो सारा काण-कायदा खत्म हो जाएगा।"

रात का रंग और गहरा काला हो गया था। माधो गहरी नींद में सो गया था। सूरजड़ी के आते ही उसे अपने पढ़ने-लिखने की जगह को बदलना पड़ा था। आजकल वह बरसाली में पढ़ता और सोता है। बरसाली में अभी भी प्रकाश फैला हुआ था।

"यदि माधो सो गया है, फिर चिमनी क्यों जल रही है? फालतू तेल क्यों बालै?" तनिक गम्भीर होकर भॉनी ने सवाल किया।

"शायद वह पढ़ता-पढ़ता सो गया होगा।" सूरजड़ी ने गहरी आत्मीयता से कहा—"माधो बड़ा मन लगाकर पढ़ता है। कह रहा था—भौजाई इस बार मैं फस्ट आऊँगा। पर मैं फस्ट-वस्ट नहीं समझी। इसलिए अपनी बात को खुलासा करते हुए उसने समझाया कि मैं पढ़ने में पहला नम्बर लाऊँगा। इतना अच्छा और सीधा लड़का ढूँढ़े नहीं मिल सकता।"

"सचमुच बहुत ही सीधा लड़का है।" अपनी गर्दन को लटकाते हुए भॉनी उदास होकर बोला—"माँ इसको बहुत ही लाड़ करती थी। कभी उसे नजर से दूर नहीं करती। उसके मन की एक ही इच्छा थी कि उसका माधो दफ्तर में नौकरी करे। दफ्तर का बाबू बने। मैं चाहे किसी भी हालत में रहूँ पर तुझे सच कहता हूँ कि मैं माँ की इस इच्छा को जरूर पूरा करूँगा। और तू भी इसके बहुत ही लाड़कोड करना। इसे किसी बात की तकलीफ न हो।"

"मेरा तो इसके कारण मन लगा रहता है।" उसने अपनी दृष्टि में भरपूर अपनत्व लाकर कहा, "तुम्हारा क्या पता? सूरज उगे निकलते हो और सूरज डूबने के बाद घर में पाँव रखते हो। इस मोहल्ले में मूलकी मौसी और माधो दोनों ही मुझे ऊबने नहीं देते।... अब तुम भी साफ-साफ सुन लो, मुझ अकेली का ज्यादा मन नहीं लगता है। फिर साँझ पड़ने के बाद यहाँ सभी लोग अपने-अपने काम में लग जाते हैं। माधो पढ़ने बैठ जाता है तब मैं ऊबती रहती हूँ। तुम साँझ पड़ते ही घर आ जाया करो।"

"आ जाया करूँगा।" उसने मुसकराकर कहा।

"वचन दो।" सूरजड़ी ने अपनी हथेली फैला दी।

उसकी फैली हथेली पर अपनी हथेली रखकर भॉनी ने दबा दी। जरा और जोर से दबाकर उसने अँधेरा कर लिया।

दूसरे दिन सुबह ही मटकी आ गयी। आकर वह भॉनी से दस रुपये माँगने लगी। कहने लगी कि उसे रुपयों की सख्त जरूरत है। वह साफ-साफ बोली—"मुझे अभी ही रुपये दे।" भॉनी का मुँह उतर गया। ऐसा लगा जैसे किसी ने उसके मुँह पर कालिख पोत दी हो। उसने इधर-उधर देखकर कहा—"यहाँ से अभी चली जा मादरकाढ़! किसी ने देख लिया तो..."

मटकी अपने स्वर को जरा कठोर बनाकर बोली—"खाली पल्ला झाड़ने से काम नहीं चलेगा। मुझे दो रुपये अभी ही चाहिए।"

वह लाचारी से बोला—"तू समझती क्यों नहीं? अरी! मेरी लुगाई घर में है। उसको मालूम पड़ गया तो घर में महाभारत शुरू हो जाएगी।"

मटकी पर इस बात का कोई असर नहीं हुआ। सभी बन्धनों से मुक्त मटकी थोड़ी भी डरने वाली नहीं थी। उसे न इज्जत का भय था और न कुटुम्ब-गौरव का। कड़ककर बोली—"मैं तेरी लुगाई की दबैल नहीं हूँ। तूने मुझे कल क्यों बुलाया था? दे मेरे दो रुपये। हिसाब साफ कर।"

"कह दिया न कि मेरे पास अभी एक पैसा भी नहीं है। तू अभी चली जा वर्ना ठीक नहीं रहेगा।" आँखें तरेरकर भॉनी ने एक भद्दी गाली देकर कहा—"तुझे थोड़ा तो खयाल रखना चाहिए छिनाल कहीं की।"

"मुझे आँखें दिखाता है।" वह कड़ककर बोली—"मैं तेरी इन आँखों से नहीं डरती। मैं हराम के रुपये नहीं माँग रही हूँ।... तूने बुलाया था मुझे। खातो साफ कर।"

सूरजड़ी तेज बोलियाँ सुनकर घूँघट निकालकर किवाड़ के पीछे आकर खड़ी हो गयी थी। उसे मामला समझते जरा भी देर नहीं लगी। यह सर्वविदित था कि मटकी का भॉनी से नाजायज सम्बन्ध रह चुका है। सूरजड़ी को एक पीड़ा-सी हुई। गुस्सा भी आया। इस मर्द जात का क्या भरोसा? मेरे जैसी फूटरी-फरी और सोवणी-मोवणी लुगाई से छल-कपट कर इस मालजादी से... छिः-छिः! माधो हाथ में पुस्तक लिये हुए निस्पन्द-सा खड़ा था। मूलकी इन बातों में पंचायत करने में सबसे आगे रहती ही है। झट से लहँगे-काँचली पर ओढ़ना डालती हुई वह बाहर आयी। मटकी को देखते ही उसका पारा सातवें आसमान पर चढ़ गया। तड़क कर बोली—"ए सात कूवों का पानी पीने वाली, यहाँ सूनावाड़ है क्या? क्यों राफड़ मचा रखी है? भले लोग बसते हैं। रंडी के पकड़कर झोंटे (रूखे उलझे बाल) खोस मारूँगी।"

मूलकी का हमला इतना जल्दी और अप्रत्याशित हुआ था कि एकत्रित भीड़ हतप्रभ रह गयी और बहुत से मर्द-औरतें घरों से बाहर आ गये। सबकी आँखों में प्रश्न नाच रहे थे। मटकी मूलकी के अप्रत्याशित आक्रमण को नहीं सँभाल पायी। वह खुद जवाबी हमले के लिए तैयार हो, इसके पहले ही मूलकी ने फिर कहा—"सुनो गली-गुवाड़ वालो, यह कहाँ की शराफत है कि एक लफंगी औरत शरीफों की गुवाड़ में आकर हो-हल्ला मचाये।" उसकी इस बात ने मोहल्ले के लोगों पर तुरन्त ही अच्छा प्रभाव किया। 'शरीफों की गुवाड़' ये शब्द पल भर के लिए चन्द लोगों के मस्तिष्क में गूँजे और वे शीघ्रता से भॉनी के मकान की ओर लपके। उन्हें देखकर मूलकी की हिम्मत बढ़ गयी। वह झपटकर मटकी के पास आयी। उसका हाथ पकड़कर बोली—"यहाँ से अपना काला मुँह लेकर चुपचाप चली जा वर्ना रंडी के चूँखे (रूखे-सूखे बाल) उखाड़ दूँगी। भाग यहाँ से।"

अबकी बार लोग भी उस पर तरह-तरह की गालियों की बौछार करने लगे। मटकी घबरा गयी। वह लौटती हुई बोली—"सुन रे भॉनी, मेरे दो रुपये पहुँचा देना। बस कह देती हूँ वर्ना भरे बाजार में पगड़ी उतार दूँगी।"

मटकी भीतर-ही-भीतर काफी घबरा चुकी थी। सारे मोहल्ले वालों की भीड़ उसे घेरने लगी थी। फिर भी उसकी हार न दिखाई दे इसलिए उसने यह अन्तिम धमकी दी। उसके जाने के बाद बहुत देर तक मोहल्ले का वातावरण गर्म रहा और बाद में पूर्ववत् शान्ति छा गयी।

पहली बार भॉनी ने सूरजड़ी के समक्ष अपने आपको अपराधी अनुभव किया। माधो के सामने भी उसे संकोच लगा। वह चुपचाप अपने कमरे में आकर बैठ गया। सूरजड़ी रोटियाँ बना रही थी। रोटियाँ बनाती-बनाती रो रही थी। उसकी सुबकियाँ कभी-कभी भॉनी व माधो के कानों में पड़ जाती थीं। आखिर माधो अपनी भाभी के

पास आया। आकर स्नेहिल स्वर में बोला—"भौजाई! मुझे खाना खिला दे, मदरसे का टैम हो रहा है।"

सूरजड़ी ने अपने आँसुओं को पोंछा। आँसू पोंछकर उसे खाना परोस दिया। खाते समय माधो के मन में यही द्वन्द्व चलता रहा कि आखिर भाई ने इस गन्दी व कोजी (भद्दी) मटकी में क्या पाया कि वह भौजाई से छिपकर... छिः यह भी गन्दा आदमी है। कौर अटक गया। खाँसी आने लगी। पानी का गुटका लिया। फिर बेमन बड़े-बड़े कौर लेने लगा। यंत्रवत खाना खत्म किया और वह स्कूल चला गया।

उसके स्कूल जाने के बाद सूरजड़ी रसोई का काम-धन्धा समेट कर बाहर निकली। उदास और ग्लानि से पीड़ित।

भॉनी निस्पन्द-सा अपराधी बना बैठा था। सूरजड़ी ने कुछ पल उसको व्यथाजनित प्रश्न-भरी दृष्टि से देखा, फिर दूसरी ओर मुँह करके बोली—"रोटियाँ बना दी हैं। जीम ले।"

भॉनी ने उसकी ओर देखा। वह वहाँ से सीधी आकर बरसाली में माधो की खाट पर बैठ गयी। चसर-चसर रोने लगी। वह उसके पीछे-पीछे उठकर आया। कुछ सहमा-सहमा-सा।

सूरजड़ी ने उसे देखकर अपना मुँह घूँघट में छुपा लिया। सुबकियाँ अब भी आ रही थीं।

"नाराज हो तुम?"

"..." वह नहीं बोली।

"मैं तुझे सच कहता हूँ कि इसमें मेरा कोई कसूर नहीं है। यह मटकी बड़ी मालजादी और झूठी है। शरीफों को ठगना इसका पेशा है।... तेरे आने के बाद मैं इससे बोलता भी नहीं हूँ। मेरा विश्वास कर मेरी धण।"

भॉनी की कमजोरी सूरजड़ी के हाथ लग गयी। गुस्सीले स्वर में बोली—"अब समझी, मेरे आने के पहले उस छिनाल से जरूर बोलते थे। आज मुझे मालूम हो गया कि आदमी का मन बड़ा पापी होता है। वह अपनी बहू को तो ताले में बन्द रखना चाहता है और खुद बिना लगाम के घोड़े की तरह घूमना चाहता है।"

भॉनी ने फिर सफाई दी, "इसमें मेरा अधिक कसूर नहीं है। संगत का असर है तुझे मेरी बात को समझना चाहिए।"

वह जरा कठोर हो गयी। तनिक तीव्र स्वर में बोली—"जरा सोचो, इस तरह यदि मैं करने लगूँ तो?... मुझे पक्का विश्वास है कि तुम जमीन-आसमान-सिर एक कर दोगे और मुझे काली चादर ओढ़ाकर घर का दरवाजा दिखा दोगे।"

इस चुनौती से वह जरा डर गया। सचमुच यदि उसकी बहू घर से बाहर पाँव निकालने लग जाए तो क्या उसकी इज्जत खाक में नहीं मिल जाएगी? क्या वह सिर उठाकर रास्ते से निकल सकेगा? क्या वह अपनी मित्र-मण्डली में नाक ऊँची करके

बैठ सकेगा? वह कुछ देर तक विद्रोहिणी नारी को देखता रहा। अन्त में वह उसके समीप बैठता हुआ चापलूसी-भरे स्वर में बोला—"तू बात का बतंगड़ बना रही है। मैं अब कोई भी गलत काम नहीं करूँगा। इस मालजादी मटकी से बोलूँगा तक नहीं। मुझे छिमा कर दे। मैं तेरे आगे सात बार नाक रगड़ूँ। तेरी सौगन खाकर कहता हूँ कि इस भव में क्या सात भवों में उसका ध्यान नहीं धरूँगा। अब गुस्सा थूक दे।... राजी हो जा छोड़ न गुस्सा।"...और भॉनी ने उसके गुदगुदी करनी शुरू की।

"छोड़ न मुझे, अरे छोड़ न।" वह बन्दरिया की तरह उछल रही थी। भॉनी ने अत्यन्त प्रेमभरे स्वर में कहा—"पहले कह कि छिमा किया...।"

"अच्छा, अच्छा।"

"सच्चे मन से।" उसे भॉनी ने बाँहों में भरकर चूम लिया।

"हाँ, सच्चे मन से।" उसने अपनी बाँहें उसके गले में डाल दी।

उस दिन के बाद मटकी का किस्सा ही खत्म हो गया। सूरजड़ी ने देखा कि वह 'रंडारू' फिर कभी उधर से नहीं गुजरी और उसने फिर दो रुपयों का तकाजा भी नहीं किया। इससे उसे शान्ति का अनुभव हुआ और वह यह महसूस करने लगी कि उसका पति अपने दुर्गुण छोड़ रहा। उसे ही आत्मा से चाहता है। दारू भी कभी-कभार पीता है।

एक दिन दोपहर को वैशाख की धूप अपना रंग बता रही थी। सूरज मानो आँखें निकाल रहा था। लूएँ चल रही थीं। गलियों के कुत्ते गर्मी से बचने के लिए कीचड़ में पड़े लम्बे-लम्बे साँस ले रहे थे। चारों ओर गहरी सूनवाड़ थी। माधो का स्कूल नगर के राजा की वर्षगाँठ के उपलक्ष में बन्द था। दोनों देवर-भौजाई बरसाली में बैठे हुए हाथ पंखों से हवा कर रहे थे। पसीने की लकीरें दोनों के चेहरे पर बह रही थीं। आखिर सूरजड़ी ने अपना मौन तोड़ा, "माधो, तेरे भाई में अब और आदतें तो ठीक हो रही हैं, पर वह जुआ खेलना बन्द नहीं कर रहा है। तेरा भाई इसके लिए लाख सौगनें भी खा चुका है। सौगन तो उसके लिए सीरा (हलवा) हो गयी है।"

"मैं उसे कुछ नहीं कह सकता। वह मेरा बड़ा भाई है। मुझे लिखाता, पढ़ाता और खिलाता है। मुझे बहुत प्रेम करता है भौजाई! तू ही भाई को समझा सकती है।"

"मैं कैसे समझाऊँ?" सूरजड़ी ने जरा विवशता से कहा—"वह मेरी सीख एक कान से सुनता है और दूसरे कान से निकाल देता है। ज्यादा जिद्द करती हूँ तो गालियों के साथ मारने की धमकी भी देता है।"

"फिर जाने दो। हमें क्या पड़ी?" माधो ने जैसे बात को एक तरह से समाप्त करके कहा—"हमें सिर्फ रोटी-कपड़ा चाहिए और वह हमें मिलती ही है भौजाई।"

सूरजड़ी गम्भीर हो गयी। बोली—"पर देवर, कई लोग कहते हैं, तेरा भाई कर्ज से बहुत ही दब गया है। मूलकी मौसी का कहना है कि इधर-उधर सभी जने उसका पल्ला खींचते हैं। बड़ी परेशानी में है वह।"

माधो जरा तुनककर बोला—"अपनी बला से। कह दिया न, हमें बिरथा की परेशानी नहीं लेनी चाहिए। ज्यादा हम उसके मामले में टाँग अड़ाएँगे तो हम ही मुँह की खाएँगे।... भाई स्वभाव का बड़ा ही कठोर है। भौजाई, हमें अपना मुँह सी कर रखना चाहिए।"

"मुँह तो सी कर रखा है।" सूरजड़ी जरा क्रोधित स्वर में बोली—"पर माधो, सिर का भार पाँवों को ही है। अभी जिन्दगी कितनी बाकी पड़ी है?"

"तुम ठीक कहती हो भौजाई पर हम कर ही क्या सकते हैं?" माधो सहसा विश्वास-भरे स्वर में बोला—"मैं एक वचन देता हूँ तुम्हें, जब मैं दफ्तर का बाबू बन जाऊँगा तब तुम्हारे सारे दुःख हर लूँगा। तुझे सेठाणी की तरह रखूँगा। तुम चिन्ता मत करो।"

"मैं राम सा बाबा से सदा यही विनती करती हूँ कि मेरे देवर को बड़ा आदमी बनाना। एक सुपातर मिनख।"

यह बातें चल ही रही थीं कि भॉनी आ गया। आज वह बहुत सुस्त था। आकर चुपचाप माधो की खाट पर पड़ गया। बहुत टूटा-टूटा और बहुत खिन्न मन।

माधो और सूरजड़ी अर्थभरी दृष्टि से एक-दूसरे को देखने लगे दोनों ने आँखों ही आँखों में बातें कीं। भॉनी आँखें मूँदकर पड़ा रहा। आखिर माधो ने साहस करके पूछा—"क्या बात है भाई?"

"...।" भॉनी कुछ नहीं बोला।

"कुछ कहो न?" सूरजड़ी बोली।

इस बार भॉनी ने करवट बदली। उन दोनों को न देखते हुए वह बोला—"पाँच रुपंयों की सख्त जरूरत है।"

माधो इस प्रश्न से चुप हो गया।

सूरजड़ी उसके सन्निकट आकर बोली—"क्यों?... ऐसा काम क्या आ पड़ा?"

"कोई ऐसा ही काम आ पड़ा है। यदि तुम लोगों के पास हों तो दे दो।"

"पर तुम यह भी बताओगे कि आखिर ऐसी जरूरत क्या पड़ गयी? मैं भी तो जानूँ।"

"हजार सवाल करने की कोई जरूरत नहीं है यदि पास में हैं तो दे दे वर्ना खोपड़ी मत चाट।"

सूरजड़ी कुछ देर तक सोचती रही। बाद में उठती हुई बोली—"तुम कहो तो मूलकी मौसी के पास जाऊँ।"

"यदि उससे ला सकती है तो ला दे।"

सूरजड़ी चुपचाप बाहर निकली। उसके मन में एक घुटन और एक विवशता-सी थी। कैसी बुरी लत लगी है इसे? हे राम सा बाबा, अब तू ही रक्षक है। तू ही बेड़ा पार लगायेगा।

मूलकी मौसी अपने पति के पाँवों पर धीरे-धीरे तेल-मालिश कर रही थी। जिस दिन उसके पति की तबीयत ज्यादा खराब हो जाती थी उस दिन मौसी मजदूरी पर नहीं जाती थी। पति की सेवा ही करती थी। घूँघट में खड़ी सूरजड़ी को देखते ही मूलकी ने पूछा—"क्या बात है बीनणी?"

उसने टिचू-टिचू करके डिचकारी दी। हाथ का संकेत करके अपने पास बुलाया। एक कोने में उसे खींचती हुई-सी बोली—"पाँच रुपयों की सख्त जरूरत है।"

"क्यों?"

"अरे तेरा बेटा मुँह उतारे बैठा है। मुझसे उसकी यह हालत नहीं देखी जाती। तू एक बार दे दे, मैं दो-तीन दिन में वापस कर दूँगी।"

"मैं सब समझ गयी।" मूलकी ने जरा तेज स्वर में कहा—"यह गिरी है न, इसे तीन जहान से गँवायेगा।... अरी बीनणी! अभी समय नहीं निकला है। उसे काबू में लेले वर्ना यह एक दिन घर की ईंट-ईंट बेच देगा।"

"मैं क्या करूँ मौसी? ज्यादा रोक-टोक करती हूँ तो आपे से बाहर हो जाता है। तेरे पास पाँच रुपये हैं।"

"हैं तो सही।"

"फिर एक बार दे दे। वापस कर दूँगी।"

"कान खोलकर सुन ले बहू, तीन-चार दिन में वापस कर देना।"

"एकदम कर दूँगी।"

सूरजड़ी पाँच का नोट लेकर वापस आयी। उसने नोट भॉनी के हाथ में थमा दिया। थमाते हुए उसने कहा—"कल ही लौटा देना है। मौसी से बड़ी मुश्किल से निकलवाकर लायी हूँ। बैण भी किया है मैंने।"

"ईश्वर ने चाहा तो शाम को ही लौटा दूँगा।" भॉनी यह कह बाहर चला गया।

माधो ने उसके जाते ही कहा—"इसको तो एक ही बात सूझती है, जुआ सिर्फ जुआ! अभी सीधा जाकर जुआ खेलेगा।"

सदा की तरह सूरजड़ी ने बड़े प्यार से कहा—"मेरे देवर! तुम इन लतों से सदा दूर रहकर अच्छे आदमी बने रहना।" फिर वह बहुत ही गम्भीर हो गयी। वह भीतर-ही-भीतर घुट रही थी। हठात् बोली—"बचपन में शादी होने का सबसे बड़ा यही नुकसान है कि कोई किसी को असली रूप में पहचान नहीं सकता।"

"इसलिए मैं अभी शादी नहीं करूँगा। पहले अपने पाँवों पर खड़ा होऊँगा, बाद में शादी-फादी करूँगा। मैंने देख लिया भौजाई, बचपन की शादी जवानी में बड़ी कष्टदायक होती है।"

सूरजड़ी ने कोई उत्तर नहीं दिया, पर उसकी स्थिर दृष्टि कह रही थी कि तुम ठीक कहते हो देवर।

उसी रात लगभग आठ बजे भॉनी बहुत खुश होकर आया। उसके हाथ में 'रबड़ी' का कुल्हड़ था। उसने घर में घुसते ही आवाज लगायी, "माधो! अरे ओ माधो!"

चिमनी का उजाला आँगन में से बरसाली में आ रहा था। माधो सूरजड़ी के साथ रसोई के दरवाजे के आगे खड़ा-खड़ा बातचीत कर रहा था। भॉनी की आवाज सुनकर वह बरसाली में आया। उसे आते ही पता लग गया कि भाई आज फिर पीकर आया है।

"क्या है कुल्हड़ में?" माधो ने धीमे से पूछा।

"रबड़ी। ले रबड़ी खा। और तेरी भौजाई कहाँ है?"

"खाना बना रही है।"

"अभी तक खाना बना रही है। बड़ा धीमा काम करती है।"

भॉनी उसके पास गया। जाकर अपनी अंटी में से पाँच-पाँच के चंद नोट निकाले। उसमें से पाँच का एक नोट निकालकर सूरजड़ी को दिया और कहा–"जा अपनी मूलकी के सिर पे दे मार।" फिर माधो की ओर उन्मुख होकर बोला–"आज खूब छककर साथ-साथ खाएँगे। तेरी भौजाई जब सारी रोटियाँ बना लेगी तो?"

"बना ली जी बना ली।" सूरजड़ी ने तेज किन्तु प्रसन्नता में डूबे स्वर में बाहर निकलते हुए कहा और मूलकी मौसी के घर की ओर चल पड़ी। जाते-जाते कहा–"आज जीत गया तो जमीन पर पाँव नहीं पड़ रहे हैं। अरे! जुआरी की खुशी दो घड़ी की होती है।" वह चली गयी।

जब वह लौटी तब भॉनी बड़प्पन से कह रहा था–"माधो! तुझे अपनी माँ की आशा पूरी करनी है। तू किसी बात की चिन्ता न कर, मैं तुझे पढ़ाऊँगा, चाहे मेरा कितना ही पैसा लग जाए। मैं अपने आपको गिरवी तक रख दूँगा।"

सूरजड़ी पास आयी। तनिक उपहास मिश्रित स्वर में बोली–"केवल अपने भाई के लिए ही खर्च करोगे या कुछ घर वाली पर भी ध्यान दोगे?"

"क्यों नहीं?" कहकर उसने अंटी में से पाँच-पाँच के दो नोट निकाल कर सूरजड़ी को थमा दिये और एक माधो को–"तुम दोनों कपड़े बना लेना।"

घर के कोने-कोने में प्रसन्नता बैठ गयी थी उस दिन।

ईश्वर की लीला बड़ी विचित्र है। उसका पार नहीं। जहाँ दाँत हैं वहाँ चने नहीं। जहाँ चने हैं वहाँ दाँत नहीं।

जिन बातों के लिए मूलकी मौसी सदा आशंकित रहती थी, सूरजड़ी के मन में भी रह-रहकर वे ही सवाल उठते थे और माधो भी कभी-कभी जिन्हें सोचकर उदास

हो जाता था, वे ही बातें अब सप्रमाण प्रकट होने लगी थीं कि भॉनी की लाइन एकदम गलत हो गयी। वह कर्ज से काफी दब गया है, उसकी दारू की मात्रा अधिक बढ़ गयी है।

उन दिनों माधो नवीं में पढ़ता था। कुम्हार जाति में इस तरह पढ़ने वालों में वह दूसरा या तीसरा लड़का था। बीकानेर के ब्राह्मण और वैश्य जाति के लड़कों में इसकी जलन थी और वे लोग कहा भी करते थे कि थोड़े दिनों में ये कुम्हारड़े पंडित बनेंगे और हमें मिट्टी के बर्तन मिलने बन्द हो जाएँगे। किन्तु माधो सब कुछ सुनकर पढ़ता था, सिर्फ पढ़ता था हालाँकि इधर घर का वातावरण भी काफी विषाक्त था। भॉनी और सूरजड़ी के बीच प्रायः ठन जाती थी। भॉनी उससे रुपये चाहता था पर वह बेचारी कहाँ से लाकर देती? मूलकी मौसी के भी लगभग पचीस रुपये कर्ज हो गये थे। घर में राड़ मची रहती। मूलकी मौसी बीच-बचाव करती। सूरजड़ी ने अपने और छोटे-छोटे गहनों के बाद पाँवों की वह रमझोल भी उतार कर दे दी थी जो भॉनी ने उसे सुहागरात के दिन, मुँह दिखाई की दी थी। देते समय सूरजड़ी ने आँसू ढलकाते हुए कहा था—"आज मुझे महसूस हुआ है कि मेरे भाग बड़े खराब हैं, मुझ पर जरूर कोई बड़ा कष्ट आएगा। अब तो राम ही रखवाला है वही लाज रखेगा।"

भॉनी ने कोई उत्तर नहीं दिया।

उस ठण्डी रात वह बहुत ही पीकर आया था। माधो और सूरजड़ी दोनों बरसाली में बैठे हुए आग तप रहे थे। धीरे-धीरे बातचीत कर रहे थे। एकाएक भॉनी को लगा कि ये दोनों जरूर उसके बारे में ही बातचीत कर रहे हैं। अतः वह घर में घुसते ही तनिक तिक्त स्वर में बोला—"क्या देवर-भौजाई में 'छन' रही है, मुझे घर से निकालने की जुगत बनायी जा रही है।"

"छिः छिः, तुम्हारी तो अक्ल मर गयी। अच्छी सोचता ही नहीं। इस तरह की भूँड़ी बात करते तुझे शर्म नहीं आयी।" सूरजड़ी ने उसको झिड़का। वह एक तरफ खिसक गयी। भॉनी उन दोनों के बीच में बैठ गया। दारू की बदबू से सारी बरसाली महक उठी थी।

कड़ाके की ठण्ड थी। कोहरा भी पड़ने लगा था। इस बस्ती के चारों ओर रेत के टीले थे इसलिए सर्दी और अधिक प्रभाव बता रही थी।

"अरे! मैं तो मसखरी कर रहा था।" एकदम सूरजड़ी के तेवर बदलते ही कुछ नरम पड़ते हुए भॉनी ने कहा—"गुस्सा न कर।"

माधो ने अपना मौन बीच में तोड़ा—"तेरी मसखरी ठहरी और मेरी छाती पर लाठी-सी पड़ी। भाई तुझे मैं बहुत मानता हूँ। यदि तू मेरी चमड़ी की जूती बनाना चाहे तो मैं तुझे दे सकता हूँ। तेरे अहसान मुझ पर भगवान् से कम नहीं पर तू आजकल बहुत ही गलत लाइन में चला गया है। हर आदमी कहता है कि भॉनी ने बहुत कर्ज ले रखा है।"

"सब लोग ठीक कहते हैं।" भॉनी ने उदास स्वर में कहा—"मुझ पर बहुत कर्ज हो गया है और तकदीर भी खराब है। इधर एक दाँव भी सीधा नहीं पड़ा है।"

"फिर इन बुरे कामों को छोड़कर तुम अपना पुराना धन्धा क्यों नहीं करते? तुम वापस कमठाणे जाना शुरू कर दो। कमाई तो बाजुओं की ही अच्छी रहती है। रूखा-सूखा जो भी मिलेगा, खाकर हम सन्तोष कर लेंगे।" सूरजड़ी का स्वर बहुत ही करुण और कोमल हो गया, "खरी कमाई से आत्मा बहुत सुखी रहती है माधो के भाई! फिर माधो भी दसवीं पास कर लेगा तब हमारे सारे दुःख दूर हो जाएँगे। फिर तुम राजा जी की तरह रहना और अपना माधो काम-काज करेगा।"

"भौजाई बिलकुल ठीक कहती है भाई। मुझे अच्छी नौकरी मिलते ही तुझे यहाँ पर लकड़ी का पाटा बनाकर बिठा दूँगा, पाटे पर बैठा-बैठा चिलम पीते रहना और मजे करना।"

भॉनी गूँगा हो गया। उसकी आँखें न जाने क्यूँ भर आयीं।

सहसा सूरजड़ी ने उसकी ओर देखा तो दर्द से पिघल गयी—"अरे! तुम रोते हो, क्यों रोते हो। पैसा नहीं है। सुबह मैं तुम्हें कहीं से दो-चार रुपये ला दूँगी। तुम मुँह मत उतारो। यदि किसी ने नहीं दिये तो मैं अपने चाँदी के झुमके और हाथों की चूड़ियाँ उतार कर दे दूँगी।"

माधो ने सोचा कि यह कितनी पवित्र और करुणामयी स्त्री है। सती है। इससे पति की पीड़ा नहीं देखी जाती।

"नहीं, नहीं, मुझे रुपयों की कोई चिन्ता नहीं है। मुझे चिन्ता है अपने आपकी। मैंने अपने कितने दुश्मन पैदा कर लिए हैं। 'गिरी' तो आजकल मुझ पर कचेड़ी(अदालत) में मामला करने की सोच रहा है। कह रहा था कि मैं पाँच सौ रुपये माँगता हूँ।"

"पाँच सौ।" एक साथ माधो और सूरजड़ी के मुँह से यह शब्द निकला और वे प्रश्न भरी नजर से भॉनी को देखते रहे। उनके मुँह फटे हुए थे।

"हाँ, परसों उसने शहर के बदमाश 'फागिया' से मेरे दो-चार थप्पड़ भी लगवाये थे।"

माधो एकदम उत्तेजित हो गया। दो-चार गालियाँ देकर वह जलते हुए स्वर में बोला—"उस नालायक फागिया की ऐसी की तैसी, मैं साले का कचूमर निकाल दूँगा। मुझे भी लाठी चलानी आती है।"

"नहीं माधो, हमें राड़ नहीं बढ़ानी है। तू चिन्ता मती कर मैं एक नया चक्कर चलाऊँगा। बस तू मुझे एक बात का वचन दे कि तू किसी भी सूरत में दफ्तर का बाबू बनेगा, माँ और मेरी इच्छा पूरी करेगा।" वह थोड़ा उत्साह से बोला—"कल मुझे सपना आया था कि तुझे दफ्तर में नौकरी मिल गयी है। हम सब खुश हैं। फिर माँ आती है, उसका चेहरा कितना खुश नजर आता है? माँ रोती-रोती तुझे गले लगाती है, कहती है मेरा बेटा दफ्तर का बाबू बन गया। साब बन गया। राजा बाबू...।"

सब भर-भर आये।

बरसाली का वातावरण बोझिल हो गया।

सूरजड़ी ने बीच में ही भरे स्वर में कहा—"अरे! क्या सब के सब पत्थर की मूरतें बनकर बैठ गये। चलो, खाना खा लो। रसोई ठण्डी हो जाएगी।"

तीनों ने खाना खाया। माधो बरसाली में सो गया।

सूरजड़ी और भॉनी पीछे वाले कमरे में चले गये। कमरा अभी उजाले से भरा था। सूरजड़ी ने उसके किवाड़ बन्द कर लिये। रजाई में घुसती हुई वह बोली—"तुम्हारे पाँव बहुत ठण्डे हैं माधो के भाई।"

"पाँव क्या, मेरा सब कुछ ठण्डा है, माधो की भौजाई। कल मैं शहर छोड़कर परदेश चला जाऊँगा। वहीं जाकर कमाऊँगा। बड़ा आदमी बनूँगा।" उसने एकाएक अपना निश्चय सहमते-सहमते सुनाया।

सूरजड़ी के ह्रदय पर आघात-सा लगा। उसे महसूस हुआ कि उसके चारों ओर की दीवारें ढहकर पड़ गयी हैं। उसने झपट के भॉनी के हाथ मजबूती से पकड़ लिये। व्यग्र स्वर में बोली—"नहीं, माधो के भाई, नहीं। मैं तुम्हें कहीं भी नहीं जाने दूँगी। यह उम्र कहीं घरवाली से अलग रहने की है।"

"नहीं।"

"फिर ऐसी बातें क्यों करते हो?"

"लाचार हूँ मुझे शहर छोड़ना ही पड़ेगा। तू नहीं जानती कि मैं यहाँ जने-जने का कर्जदार हो गया हूँ। चारों तरफ लोग मेरा पल्ला खींचते हैं। और गिरी ने मुझे जान से मरवाने की धमकी भी दी है। तू जानती नहीं, कि वह आदमी कितना नीच है? दो सौ के पाँच सौ लिखा लिये मुझसे। मैं ज्यादा हाथ जोड़ता हूँ तो वह बेशर्म अब तुझे माँगता हैं। कहता है कि अपनी बहू को मेरे पास भेज दे। इस बात को लेकर आज मैंने उसका गला पकड़ लिया। बहुत ही गर्मा-गर्मी हो गयी।... तू ही बता कि ऐसी स्थिति में मैं यहाँ कैसे रह सकता हूँ? यदि रहूँगा तो किसी के हाथ से सिर तुड़वाऊँगा या मुझे जेल की हवा खानी पड़ेगी।"

समस्या बहुत ही जटिल थी। फिर भी सूरजड़ी ने आत्मा के असीम बन्धन से विवश होकर कहा—"नहीं कुछ भी हो जाए, मैं तुम्हें नहीं जाने दूँगी।" उसकी आँखें भर आयीं। वह विगलित स्वर में बोली—"क्या तुम भर जोबन में अपनी ऐसी नार को अकेली छोड़कर चले जाओगे? तुम्हारा जी कैसे लगेगा? मैं कैसे रहूँगी तेरे बिना?"

हार्दिक वेदना को अपनी आँखों में भरकर भॉनी ने देखा। कितना अतुल रूप है उसकी घरवाली में। गोरा रंग, बलिष्ठ शरीर, आकर्षक नाक-नक्श! उसे अपनी बाँहों में भरकर भॉनी ने कहा—"तुझे कोई निरदयी ही छोड़कर जा सकता है। इतनी चोखी और फूटरी बहू किसे मिलती है? मैं इस मामले में बड़भागी हूँ। पर मुझे कुछ दिनों

के लिए बाहर जाना ही पड़ेगा। तुझे अपनी छाती पर पत्थर रखना ही पड़ेगा। तू धीरज रख! जी को उचाट मती कर। मैं जल्दी लौट आऊँगा। लोग कहते हैं कि परदेश में बहुत अधिक पैसा मिलता है।''

''पर मैं तो नहीं मिलूँगी।''

''अभी हम दोनों बूढ़ा-बूढ़ी थोड़े ही हैं। अभी उम्र बहुत बाकी है।'' उसने धीरज बँधाने के खयाल से कहा—''कहीं परदेश में तुक्का चल गया तो तुझे राणी बनाकर रखूँगा।'' सहसा उसका स्वर व्यथा में डूब गया—''यहाँ मैं कर्ज से बहुत दब गया हूँ। कहीं गिरी मुझे जान से न मरवा दे? अब तू ही सोच, कहीं मैं मर-खप गया तो? फिर क्या करेगी?''

सूरजड़ी ने उसके मुँह पर अपनी हथेली रख दी। फिर उसकी गोद में अपना सिर रखती हुई बोली—''मरें तुम्हारे दुश्मन। तुम भले ही लाख समझाओ पर मेरा मन तुम्हारे बिना एक पल भी नहीं लगेगा।''

''जानता हूँ।'' उसने सूरजड़ी को बाँहों में भरकर उठाया। पहली बार उसे एक नयी अनुभूति हुई। अपनी पत्नी के बारे में एक नयी अनुभूति। उसके रूप के बारे में एक नयी दृष्टि। कितनी खूबसूरत है उसकी पत्नी? उसकी नजर उस पर इस तरह टिक गयी जैसे आज उस सौन्दर्य के सागर को पी जाना चाहता है।

''मुझे इस तरह मत देखो।'' कहकर उसे एक बार अपनी बाँहों में भर लिया। कुछ क्षण के उपरान्त भॉनी ने उससे कहा—''मैं कल सुबह ही चुपचाप चला जाऊँगा। तुम लोगों को चिट्ठी लिखूँगा पर तुम देवर-भौजाई किसी को भी मेरा पता न बतलाना। जब मैं सारा कर्ज चुकता कर दूँगा। तब तुरन्त यहाँ आ जाऊँगा।''

दुख की गहरी परछाइयाँ उसके चेहरे पर छा गयीं। वह करुण स्वर में बोली—''पर यहाँ का खर्च?''

''बराबर भेजूँगा। मैं परदेश में भूखा मर सकता हूँ पर मेरा माधो पढ़ेगा।'' सूरजड़ी का हाथ अपने हाथ में लेकर वह बोला—''माधो की पढ़ाई में जरा भी अड़चन नहीं आनी चाहिए। चाहे उसके लिए तुझे कितना ही कष्ट उठाना पड़े। उसे बाबू बनाना है। तू इसकी पढ़ाई चालू रखेगी। इस बात का वचन दे।''

''जरूर रखूँगी।'' सूरजड़ी ने विश्वास से कहा—''मैं आपको वचन देती हूँ कि माधो की पढ़ाई चलती रहेगी।... पर तुम माधो से नहीं मिलोगे?''

''नहीं। उसे मालूम हो जाएगा फिर वह मुझे जाने नहीं देगा। तू नहीं जानती कि वह मुझे कितना चाहता है। वह मेरी जुदाई बर्दाश्त नहीं कर सकता, माधो की भौजाई! संसार में सब कुछ मिल सकता है पर माँ का जाया भाई नहीं मिल सकता।... जाऊँ।''

''मैं अपने मुँह से कैसे कहूँ?... मेरी तो विनती है कि मती जाओ... और जाओ तो जल्दी वापस आओ। तुम्हारी वापसी का मैं इन्तजार करूँगी। पल-दिन-महीना-बरस...बस तुम्हारी वापसी की अडीक (प्रतीक्षा)... केवल अडीक।''

वह रो पड़ी।

भॉनी ने उसे चिपा कर धैर्य दिया।

बहुत सारी रात मानो आँखों में ही कट गयी। अँधेरे-अँधेरे भॉनी घर छोड़कर चला गया। सूरजड़ी ने अन्तिम बार उसे बाँहों में भरकर कहा था—"जल्दी से आने का जतन करना। गीतों में कहा है कि परदेशी की गोरड़ी झुर-झुर पिंजर होय! मैं तुम्हारे वियोग में तिल-तिल गल जाऊँगी।" वह सिसक पड़ी।

वह कुछ नहीं बोला था। चुपचाप आकर अश्रुपूरित आँखों से माधो को देखता रहा था। उसके सिर को चूमा था। सिसका और चल पड़ा।

अँधेरे में गायब होते हुए भॉनी को सूरजड़ी देखती रही। देखते-देखते फिर फफक पड़ी।

दूसरे दिन।

ठण्ड बढ़ गयी थी। कोहरा घरों को ढँक रहा था। बस्ती में शीघ्रता शून्यता और सन्नाटा पसरने लगा। साँझ पड़ने के बाद माधो ने गम्भीर होकर पूछा—"भौजाई, आज भाई सुबह से दिखाई नहीं देता?"

अपने मन के झंझा को छुपाते हुए सूरजड़ी ने बहुत ही मद्धम स्वर में कहा—"पता नहीं, मैं जगी तब ही वह चला गया था। शायद कर्जदारों के तकाजों के डर से कहीं छुप गया हो।"

"रोटी बना ली?"

"हाँ, तुम खा लो। इस रुत में ठंडी रोटी करने से क्या फायदा? तुम्हारे भाई का क्या पता?" वह भर-भर आयी। उसने अपने आपको बहुत जब्त किया और मुँह में पल्ला डालकर बाहर निकल पड़ी। मूलकी मौसी चन्द्रसखी का कोई भजन गा रही थी। प्रभु की स्मृति में खोने का भजन! सूरजड़ी भी अपने पति परमेश्वर भॉनी की स्मृति में खो जाना चाहती थी।

"भौजाई, ओ भौजाई!" माधो ने घर के दरवाजे के पास आकर आवाज दी। सूरजड़ी भावावेश में बाहर निकल गयी थी।

सूरजड़ी उसी पाँव लौट पड़ी। आकर स्नेहिल स्वर में बोली—"क्या है देवर जी?"

"मुझे तू खाना खिला रही थी न? जल्दी से खिला दे। जरा मदरसे का काम करना है। जीम कर पढ़ूँगा।"

सूरजड़ी ने उसे खाना परोस दिया। माधो ने पहला कौर लेकर कहा—"भौजाई, बचपन में हम दोनों भाई साथ ही खाना खाते थे। वह मेरा इन्तजार करता था और मैं उसका। इधर भाई अपनी दुनिया में मस्त रहता है।" उसने दूसरा कौर लेकर किंचित उपहास-भरे स्वर में कहा—"फिर घर में बहू आने के बाद भाइयों में थोड़ा

अलगाव हो ही जाता है। बड़े-बूढ़े कहते हैं—हजार आदमी एक साथ रह सकते हैं पर एक औरत के आते ही घर में तरेड़ पड़ जाती है।''

और सूरजड़ी सोच रही थी—अभी यह कितनी सहजता से खाना खा रहा है। जब इसे यह मालूम होगा कि भॉनी यह शहर छोड़कर चला गया है तब उसकी मसखरी सच्चाई में बदल जाएगी और साबित हो जाएगा कि एक लुगाई के आते ही भाइयों के बीच तरेड़ पड़ गयी।

खाना खत्म हो गया था। माधो हाथ धोकर बरसाली में आ गया था। खाने के बाद एक बार ठण्ड बड़े जोर से लगती है। वह आकर रजाई में पड़ गया। चिमनी उसने जला ली थी। रजाई को अपने चारों ओर लपेट कर वह पढ़ने लगा। पढ़ते-पढ़ते वह सो गया।

सुबह वह उठा तो उसने देखा कि भौजाई अभी तक नहीं उठी है तो वह उसके कमरे के आगे जाकर किवाड़ खटखटाने लगा। वह बार-बार आवाज लगा रहा था—भॉनी-भॉनी, भाई-भाई।

सूरजड़ी हड़बड़ाकर उठी। माधो ने उसे छूटते ही पूछा—''धणी बहू घोड़ा बेचकर सोये हुए हैं?...क्या, भाई अभी तक नहीं उठा?''... और उसने जैसे ही भीतर झाँका, वैसे ही उसे बिस्तरा खाली नजर आया।

''भॉनी कहाँ है?... क्या वह रात को नहीं आया था?... तू बोलती क्यों नहीं? क्यों भाई के अगुणों को छुपाती है। वह रात को बाहर रहने लगा और तू मुझे बताती नहीं। मैं इतना पराया हो गया। चोखो... चोखो...बिगाड़...जरूर बिगाड़...घणा दुख पाएँगे। हम सब इस तरह पापों को छुपाने से।''

पहली बार सूरजड़ी के मन का धीरज टूट गया। उसकी आँखें भर आयीं। उसने आँचल में अपना मुँह छुपा लिया। रोने लगी—माधो हैरान हो गया। पहली बार उसने सूरजड़ी का हाथ पकड़ा। जोर से पूछा—''क्या बात है भौजाई? मैंने तुझे खोटी बात नहीं कही है?''

सूरजड़ी आश्वस्त करती रही—अपने आप को।

माधो क्रोध-मिश्रित गम्भीरता से बोला—''अब भाई हद से बाहर हो रहा है। आज मुझे उससे कुछ कहना ही पड़ेगा। यह कोई भले आदमियों के ढंग हैं कि रात-रात भर गायब रहे।'' फिर भाभी को उलाहना देते हुए बोला—''तू ही उसे सिर पर चढ़ाती है। क्यों नहीं रोकती-टोकती?... मैं उसे ढूँढ़ कर लाता हूँ।'' माधो ने अपनी रुई की फतोई पहनी और चादर ओढ़कर बाहर निकलने की तैयारी करने लगा कि सूरजड़ी ने उसे टोका—''कहाँ जा रहे हो?''

''रांड मटकी के यहाँ। वह उस छिनाल के यहाँ ही होगा। भौजाई मेरी, जिन्हें गन्दगी में मुँह डालने की आदत हो जाती है, उन्हें चोखी चीजों से घिन्न हो जाती है।'' वह आवेश में भर गया।

"लेकिन वह वहाँ नहीं है।"

"फिर कहाँ है?" वह चौंककर बोला।

"मुझे मालूम नहीं।" उसने डरते हुए कहा।

माधो एकदम क्रोध में भर गया—"मुझे बच्चा समझती है। आखिर नवीं में पढ़ता हूँ। तुझे कैसे मालूम कि वह मटकी के यहाँ नहीं है?"

सूरजड़ी कुछ भी नहीं बोली।

माधो का रहा-सहा धैर्य भी जाता रहा। वह जरा तीव्र स्वर में बोला—"तुझे सब कुछ मालूम है। तू मुझसे कुछ छुपाना चाहती है पर इतना याद रखना कि अधिक ढील आदमी को बिगाड़ती ही है।...खैर, मुझे अधिक बोलने का हक नहीं है।" वह रूठकर अपने बिस्तरे में घुस गया। सूरजड़ी उसके पास आयी। आकर रुँधे स्वर में बोली—"किसी से कहना नहीं देवर जी, तुम्हारा भाई यह शहर छोड़कर चला गया है।"

माधो पर वज्रपात हो गया। वह अर्थ-भरी दृष्टि से अपलक सूरजड़ी की ओर देखने लगा। उसमें शून्यता भर गयी।

"हाँ देवर, वह चला गया है। हम से दूर, बहुत दूर कलकत्ता। यहाँ उसकी जान को खतरा था। जने-जने का कर्ज हो गया था। इस दोरी (विकट) स्थिति से बचने का उसके पास एक ही उपाय था कि वह यहाँ से भाग जाए और वह भाग गया। बहुत लाचारी में गया है। आँसू ढलकाता गया है।"

"कब?" उसने कठिनता से पूछा।

"कल झांझर के (एन सुबह)।"

"मुझसे बिना मिले ही भौजाई?"

"मैंने उससे बहुत कहा पर वह नहीं माना। कहता रहा—इससे मेरे माधो का दिल टूट जाएगा। वह मेरा वियोग नहीं सह सकेगा। वह मुझे जाने नहीं देगा।... जाते-जाते सिर्फ इतना ही कह गया कि माधो से कहना कि वह अपनी पढ़ाई जारी रखे। उसे दफ्तर का बाबू बनना है। मेरे सपने को सच्चा करना है।"

माधो की आत्मा पीड़ा से कराह उठी। वह रजाई में मुँह छुपाकर रोने लगा। सूरजड़ी ने उसे धीरज बँधाया। समझाती रही।

उस दिन वह भूखा ही स्कूल चला गया। और जब वापस आया तब उसके घर के आगे 'गिरी' शोर-गुल मचा रहा था। वह चिल्ला रहा था—"उस चोर को कहाँ छुपा रखा है? निकाल साले को। टुकड़े-टुकड़े कर दूँगा। मेरे रुपये पचाना आसान नहीं है। कहाँ है वह गंडक?"

मूलकी मौसी उसी तरह उफनती हुई कह रही थी—"तेरे बाप का राज नहीं है कि कर देगा टुकड़े। राज है महाराजाश्री...का।"

"तू चुप रह। तू कौन है मेरे बीच में बोलने वाली?" गिरी ने कड़क कर कहा।

"अरे जा रे, बहुत सुनी है तेरी बक-बक। इस तरह आवल-कावल बके जा रहा है जैसे यहाँ सुनसान हो। भले घर की लुगाइयाँ रहती हैं यहाँ। जो मन में आये जैसा गाली-गलौज कर रहा है। वाह!"

"मूलकी मौसी, जिसे लगती है उसे ही पीड़ होती है। रुपये कलदार मेरी जेब में से गये हैं। चिल्लाऊँगा मैं ही। कलेजा मेरा ही दुखता है।"

"चिल्ला, जोर-जोर से चिल्ला पर शरीफों की तरह चिल्ला। तेरी गन्दी गालियों से सारे मोहल्ले के कान खराब होते हैं।"

गिरी क्षण भर के लिए चुप रहा। फिर माधो की ओर देखकर बोला–"तेरा भाई कहाँ है?"

"मेरी जेब में।"

"देखा मौसी, तू कहती है इनके संग शरीफों की तरह पेश आ पर ये छँटे हुए लोग हैं। बिना मार-पीट के एक भी शब्द नहीं उगलेंगे। जरा सोच, पाँच-सात सौ की रकम कम नहीं होती?"

मूलकी इस बार फिर बोली–"जानती हूँ तेरे छल-छन्द! एक देकर दस लिखाता है।" सहसा वह गम्भीर होकर बोली–"पर मैं एक बात का तुझे विश्वास दे सकती हूँ कि इन लोगों को यह जरा भी मालूम नहीं है कि भॉनी कहाँ गया है?...मालूम तो मुझे भी नहीं है। ये दोनों तो मुझसे ही पूछ रहे थे। वह कल से भूत ज्यूँ गायब है। कौन जाने कहाँ है?"

"मैं मर गया। मौसी, मैं लुट गया। लेकिन मैं उसे मसान तक नहीं छोड़ूँगा। कितने दिन तक इधर नहीं आएगा?" गिरी चीखता रहा।

फिर वह बड़बड़ाता चला गया। धीरे-धीरे मोहल्ले, घर और आँगन में शान्ति छा गयी।

माधो बिस्तर में घुस गया था। सर्दी की साँझ अपने साथ कड़ाके की ठण्ड लेकर आयी थी। लोग आग जला-जला कर अपने-अपने घरों में बैठ गये थे। सूरजड़ी भी एक अँगीठी में आग जलाकर माधो के पास ले आयी।

"हाथ तपा लो देवर।"

माधो कुछ नहीं बोला। वह बिस्तर में छुपा रहा। सूरजड़ी थाली में खाना परोस कर ले आयी। माधो की रजाई हटाती हुई बोली–"पहले खाना खालो फिर सोना। भूखे पेट नींद भी नहीं आएगी। जो होना था, वह तो हो गया।"

"मुझे भूख नहीं है।" उसने तड़ाक से कहा।

"सुना है, भूख किसी की भायली (सखी) नहीं होती और पेट की आग कभी शान्त नहीं होती। चलो, मेरे अच्छे देवर खालो।"

"कह दिया न कि मैं नहीं खाऊँगा।" वह गुस्से में बोला।

“क्यों?”

माधो सूरजड़ी की आँखों में आँखें डालकर बोला—“इसलिए कि तूने मुझे मेरे भाई से अलग कर दिया। तुझे दया नहीं आयी कि मैं कैसे रहूँगा उसके बिना? कम-से-कम जाते समय उससे मिला ही देती।” उसकी आँखों से आँसू ढलक पड़े।

“इसमें मेरा कोई दोष नहीं है माधो, वह मुझे मना करता रहा। सौगनें दिलाता रहा। तुम विश्वास रखो। तेरी भौजाई इतनी पत्थर दिल नहीं है। इस पर तुम्हारा जी यदि नहीं मानता है तो मैं तुम्हारी गुनहगार हूँ। तुम्हारी मर्जी में आये वह दंड दे दो। मेरा काला मुँह और गीला पग करके घर से निकाल देना... मैं चली जाऊँगी।” वह रो पड़ी।

माधो ने उसकी ओर देखा। सूरजड़ी की आँखें आँसुओं से तर थीं। गहरी उदासी छा गयी थी उस पर।

वह अपने आप से बोला—“मैंने उसे ऐसा नहीं समझा था। इतना कठोर उसे नहीं होना चाहिए। भौजाई! अब हम लोग जीएँगे कैसे? मैं पढ़ूँगा कैसे?”

“इसकी तू चिन्ता न कर।”

“क्यों?”

“देवर! मेरे जीते-जी तेरी पढ़ाई अधूरी नहीं रह सकती। मैं खुद कमठाणे जाऊँगी। क्या भाई और क्या भौजाई। पद तो एक ही है।”

माधो पल भर तक चुप रहा। अपनी हिम्मतवाली भाभी को देखता रहा। उसे महसूस हुआ जिसे वह गुड़िया समझता है वह एक साहस की पुतली है। उसमें बड़ी दृढ़ता है।

“मर्द के होते हुए तू कमाएगी? छिः, मैं तेरा ऐसा निरबल देवर नहीं हूँ।”

वह ममता से भर आयी। उसकी दोनों बाजुओं को पकड़कर उसके मुँह के निकट अपना मुँह लाकर बोली—“अभी मैं ही कमाऊँगी। बाद में तुम कमाना। तुम्हें दफ्तर का बाबू बनना है। तुम्हारी माँ और तुम्हारे भाई की यही इच्छा है।”

माधो ने अपनी भाभी की ओर देखा। उसे लगा कि उसकी भौजाई अपने यौवन की उम्र पार कर यकायक बहुत बूढ़ी हो गयी है। अथाह ममता और दायित्वों से भरी एक नारी।

“तू जीम ले।” थाली उसे पकड़ाते हुए वह बात का समापन करती हुई बोली—“जो मुसीबत आएगी, उसे हम मिलकर ही झेलेंगे।”

माधो ने अनिच्छा से रोटी खा ली। सूरजड़ी चक्की पीसने लगी। आटा खत्म हो गया था। बाजरी सर्दी में स्वादिष्ट भी लगती है। फिर बाजरी के बिना गरीबों का पेट भी नहीं भरता।

चक्की घड़ड़-घड़ड़ चल रही थी। चक्की के साथ वह भजन गा रही थी कि मूलकी ने प्रवेश किया। उसे आटा पीसने में साथ देती हुई वह बोली—“उसे अब

नींद आयी है।... अरे चला चक्की, थोड़ी सहारा मैं दे दूँगी तो कौन सा मेरा हाथ घिस जाएगा।...और हाँ, अब मुझे तू सच सच बता कि वह कपूत कहाँ गया है?''

''कलकत्ता।''

''कलकत्ता, क्यों?''

''यहाँ के झंझटों से बचने के लिए।''

''राम-राम कितना निरमोही है? मुझसे मिलकर नहीं गया। मैं कौन से उससे रुपये माँगती थी? उसने कर्जदारों से बचाने के लिए झूठ ही मुझे अपना घर गिरवी रखा है। पर मैं तो उसे अपने सचमुच के दिये रुपये भी वापस नहीं माँगती। निरदयी मिल तो जाता।''

''तू तो मौसी अपनी बात करती है। वह अपने माँ जाये भाई से भी मिलकर नहीं गया। मैंने बहुत कहा-सुना। इस पर बोला—यह मुझे जाने नहीं देगा। माधो बहुत दुखी है मौसी ...तू ठीक कहती थी कि काले के पास गोरा सदा बैठता है तो रंग न बदले पर अक्ल जरूर बदल जाती है।''

मौसी ने पलभर के लिए सूरजड़ी को गर्व से देखा। फिर बोली—''यह गिरी है न, बड़ा ही निर्मम-दुष्ट है। इसने बहुत घर बिगाड़े हैं। जन्मजात बेईमान है। मैं सच कहती हूँ कि अन्त समय इसके शरीर में कीड़े पड़ेंगे। बुरे कर्मों का फल यहीं मिलता है। आदमी नरक-सुरग यहीं देखता है।''

''जो जैसा करेगा, वह वैसा पाएगा।''

चक्की चलती रही। रात गहरी और गहरी हो गयी थी। रेगिस्तान की ठारी (ठण्ड) सन्नाटे को बढ़ा रही थी।

चौथे दिन पैसों की समस्या नंगी होकर खड़ी हो गयी। माधो और सूरजड़ी में बड़ी देर तक बातचीत चली। वाद-विवाद होता रहा।

माधो ने कहा—''मैं पढ़ाई छोड़कर नौकरी करूँगा। मेरे होते हुए मेरी भौजाई कमाये, यह मेरे लिए डूब मरने की बात है लोग मेरी मर्दानगी पर थूकेंगे। मेरे सिर पर धूल डालेंगे।''

''लोगों की सुनी-अनसुनी करके अपनी पढ़ाई शुरू रख?''

''चूल्हे में जाय यह पढ़ाई, मुझे पढ़ना-लिखना नहीं है।''

सूरजड़ी माधो को समझाती रही कि उसे पढ़ना है। उसने उसके भाई को वचन दिया है। उसकी माँ की आत्मा बिना उसके बाबू बने भटकती रहेगी। पर माधो नहीं माना तो वह मूलकी मौसी को बुलाकर ले आयी।

मूलकी ने आकर उसे समझाया—''बात यह है माधो कि तुझे पढ़ना ही पड़ेगा। पाँच-दस दिन सूरजड़ी मेरे साथ कमठाणे चलेगी, तब तक तेरा भाई रुपये भेज ही

देगा। सुना है, परदेश में जाते ही काम मिल जाता है। पैसा भी बहुत मिलता है। फिर तेरी माँ का सपना। भाई की इच्छा? माँ की आत्मा जहाँ भी है कलपेगी। भाई के अब तक किये-कराये पर पानी फिर जाएगा।''

माधो बड़ी देर तक अपने इरादे पर अड़ता रहा पर अन्त में सूरजड़ी के आँसुओं ने उसे परास्त कर दिया।

दूसरे दिन सूरजड़ी मूलकी के साथ कमठाणे चली गयी। माधो स्कूल से आकर घर में ही रहा। दिन ढले सूरजड़ी आयी। थकी-थकी। आते ही उसने चूल्हा जलाया और रोटी बनाने लगी। थाली परोस कर जब वह माधो के सामने लायी तब माधो ने उसे देखा। उसकी भावुकता मानो तड़प उठी। उसकी भौजाई कितनी सुन्दर है? कितनी कोमल है? आज यह दिन भर चूना-ईंट ढोती रही। छिः, उसने अपने आपको धिक्कारा। वह अरुचि से खाना खाता रहा। कुछ नहीं बोला।

''कुछ नहीं बोलोगे देवर?''

''भौजाई! तू कितनी दयालु है? तेरे एहसान मैं जीवन भर नहीं भूलूँगा।'' उसका गला भर आया।

''बच्चों जैसी बातें न कर।'' बात का प्रसंग बदल कर वह बोली—''घर में लकड़ियाँ नहीं हैं, केवल सुबह का ही खाना बनेगा।''

''मैं और तोड़ लाऊँगा। जंगल हमारे पास ही पड़ता है।''

फिर दोनों अपने-अपने काम में व्यस्त हो गये।

सुबह एक नयी बात हुई। किसी ने जाकर सूरजड़ी के माँ-बाप और भाई को यह कह दिया कि भॉनी चुपचाप परदेश चला गया है। और सूरजड़ी अपने देवर के लिए कमठाणे जाने लगी है। तो वे बाप-बेटे सुबह-सुबह ही आ धमके।

सूरजड़ी उन्हें देखकर बहुत ही खुश हुई। बोरी बिछाकर बिठाया। अपनी औकात के अनुसार उनकी आवभगत की। पूछा—''इतने दूर से इतनी ठंड के समय में यहाँ आने की क्या जरूरत पड़ी?''

''तुझे लेने आये हैं।'' सूरजड़ी के बाप ने स्पष्ट कहा।

''क्यों?''

''अरे! तू बड़ी नासमझ है। जवान देवर के साथ अकेली कैसे रह सकती है? लोग क्या-क्या बकेंगे? जीने की भी एक मरजादा होती है। लक्ष्मण-रेखा समझी।''

''मैं मरजादा के बाहर जीना ठीक नहीं समझती।...काका! तुम लोग निश्चिन्त रहो, मैं अपने देवर को छोड़कर आज आऊँगी न कल। मुझे उसे पढ़ाना है। अपने पति की इच्छा को पूरा करना है।''

उसके स्वर की दृढ़ता को देखकर सूरजड़ी के माँ-बाप सहम गये। भाई उसका हाथ पकड़कर उसे एक ओर ले गया। धीमे स्वर में बोला—"तू समझती क्यों नहीं? दिन भर तू मजूरी करेगी और खाएगा यह मुसटंडा।"

"यह मेरा देवर है मेरी जामण (सास) का जाया।"

"हम भी तो तेरे कुछ लगते हैं!"

"जरूर खून के रिश्ते धोने से नहीं धुलते। पर ब्याह के बाद मेरे लिए ससुराल पहले और पीहर बाद में। फिर परदेश जाने वाला मुझे माधो को सौंप कर गया है। भाई ढब्बूड़ा! इसकी देख-रेख करना मेरा धरम है वर्ना परदेश जाने वाला वापस आते ही आसमान सिर पर उठा लेगा। मुझे धिक्कारेगा। तू खुद उसको जानता है। वह इस बात पर मुझे काला ओढ़ा कर घर से निकाल देगा।"

इस उत्तर से बातचीत तूल पा गयी पर सूरजड़ी उनके साथ नहीं गयी सो नहीं ही गयी। मूलकी ने उसको और साहस बँधाया। माधो ने भी उसकी हिम्मत को सराहा।

ठीक दसवें दिन भॉनी की चिट्ठी आयी।

उसमें लिखा था कि मैं पाँच-सात दिनों में रुपये भेजने वाला हूँ। शरीर मजे में है। तुम लोग किसी बात की चिन्ता-फिक्र न करना। चिट्ठी देने वाला भॉनी, माधो का बड़ा भाई।

चिट्ठी की खबर पाते ही 'गिरी' आ धमका। उसने डाकिया बाबू को कह रखा था कि भॉनी की चिट्ठी आते ही मुझे खबर करे।

"अरे माधो, ला वह चिट्ठी, देखूँ तो तेरे भाई का क्या अता-पता है?" गिरी ने छाती तान कर कहा।

माधो ने चिट्ठी दे दी। उसमें उसका पता था। उसने पता लेकर भॉनी को एक इतनी कड़वी चिट्ठी लिखी कि उसके बाद भॉनी ने चिट्ठी में पता ही देना बन्द कर दिया। दूसरी चिट्ठी आयी, तीसरी आयी पर उसमें उसका पता नहीं था। वह बहुत ही निराश हुआ। घृणा से आँखें तरेरते हुए कहा—"साला कहाँ बचकर जाएगा? सौ दिन सुनार के तो एक दिन लुहार का। मेरी रजिस्ट्री वापस आ गयी। खैर, कितने दिन छिपा रहेगा?"

और दिन गुजरते गये।

"मैं पास हो गया हूँ भौजाई!" भागा-भागा माधो आया। वह खुशी में फूला नहीं समा रहा था।

सूरजड़ी पति के वियोग की पीड़ा और कठिन श्रम के कारण काफी दुबली हो गयी थी। जोबन का जोर जो उसके अंग-अंग में मचला था, वह एक तरह से ठहर-सा

गया था। उसकी आँखें थोड़ी भीतर धँस गयी थीं। शरीर का जो उठान हो रहा था वह एक तरह से थम गया था। इन दिनों वह एक तरह से अपनी उम्र की सारी बातें भूलकर एक कर्त्तव्यनिष्ठ औरत की तरह जी रही थी। न जाने कितनी गन्दी व अश्लील बातें उसके और उसके देवर के बीच उड़ीं पर उसने चिन्ता नहीं की। सिर्फ उसे साहस व धैर्य बँधाती रही तो एक मूलकी।

यह खुश-खबरी सुनकर वह अपनी उम्र के एहसास को भूलकर माधो से लिपट गयी और सदा की तरह अति स्नेह विगलित स्वर में बोली—"देवर! तुम चिरंजीव रहो। जब तुम्हारे भाई को यह खबर मिलेगी तब वह कितना खुश होगा?" और वह भागी-भागी मूलकी मौसी के घर गयी। उसे यह खुश-खबरी दी। मूलकी मौसी जल्दी-जल्दी उसके घर आयी। आते ही उसने माधो के माथे पर से 'मिर्चें' ऊँवारी। मिर्चों को आग में झोंकती हुई वह बोली—"मेरे राजा बेटे को नजर न लग जाए।"

माधो ने मौसी के चरण-स्पर्श करके कहा—"भौजाई! अब तू जल्दी से रामदेव बाबा का प्रसाद बना दे ताकि मैं उनके दर्शन कर आऊँ। यह सब बाबा की ही कृपा है वर्ना हमारे खानदान में कोई दसवीं पास कैसे करता? हम बहुत छोटे लोग हैं। इतने छोटे कि शिक्षा, सुख और ज्ञान को स्पर्श ही नहीं कर सकते।"

सूरजड़ी भर-भर आयी। अपने नयन कोर में रुके आँसुओं को पोंछती हुई बोली—"आज यदि वह होता तो कितनी खुशियाँ मनाता? सारे मुहल्ले को सिर पर उठा लेता। मिठाई बाँटता उसकी बड़ी साध थी कि उसका भाई पढ़-लिखकर दफ्तर का बाबू बने। माधो! मैं अभी चूरमा बना देती हूँ।"

"भॉनी की चिट्ठी आयी क्या?" मौसी ने पूछा।

"नहीं मौसी, इधर उसकी चिट्ठी नहीं आयी। ...रुपये भी बराबर नहीं भेज रहा है। हम लोगों ने जब उसे यह लिखा कि तुम्हारे सूदखोरों ने तुम पर सच्चे-झूठे केस कर दिये हैं और उन्हें यह भी मालूम पड़ गयी है कि भॉनी ने बड़ी चतुराई से अपना घर भी मौसी के पास गिरवी रख दिया है तब से वे दुष्ट मरने-मारने की सोच रहे हैं तो इसके बाद उसका कोई पत्र नहीं आया। रसोई में चलो मौसी, तुम थोड़ी देर ठहरो, मैं अभी गुड़-आटे का चूरमा बना देती हूँ।"

मूलकी मौसी उसके समीप बैठ गयी। दोनों बातचीत कर रही थीं। माधो मुहल्ले में जाकर लोगों की वाह-वाह ले रहा था। सभी उसकी प्रशंसा कर रहे थे। तभी आ गया गिरी। आते ही बोला—"अपने भाई को लिख देना कि अब वह मेरी एक-एक पाई चुकता कर दे वर्ना उसे जेल की हवा खानी पड़ेगी।"

गुवाड़ में एक नया युवक आया था। नाम था 'बाबा!' एकदम जवान लड़का पर बूढ़ा नाम। बहुत ही मजाकिया। गिरी को एक-दो भेंट में ही वह जान गया कि वह कैसा काँइयाँ आदमी है। गिरी को देखते ही बाबा बोला—"आइए झूठों के सरदार, मैंने सुना है कि तू खुद जेल जाने वाला है।"

"क्यों?"

"झूठे कागज-पत्र बनाने के अपराध में।"

"सुन बाबा, तू मेरे धन्धे के बीच मजाक-वजाक मत किया कर।"

"तू भी झूठ मूठ मत बोला कर।"

सब लोग हँस पड़े। गिरी चिढ़कर चला गया।

बाबा ने कहा—"कितना अजीब आदमी है। पैसों के सिवाय कभी कुछ सोचता ही नहीं।"

"यार बाबा, इस दुष्ट की चर्चा बन्द कर और इधर आ, एक जरूरी बात करनी है तुझसे।"

बाबा और माधो दोनों एक ओर जाकर खड़े हो गये। वे बहुत ही गम्भीर हो गये थे। दोनों धीरे-धीरे बातचीत कर रहे थे।

माधो ने विनम्रता से कहा—"भाई बाबा, आज मैंने मैट्रिक पास कर लिया है। मेरे घर की हालत तुम जानते ही हो। बेचारी भौजाई ने मेरे पढ़ाने-लिखाने के लिए रात और दिन एक कर दिया था। ईंट-चूना ढोते-ढोते सूख गयी है। भाई भी इधर बहुत कम पैसे भेज रहा है तुम एज्यूकेशन दफ्तर में हो, किसी तरह मुझे भी काम लगवा दो।"

बाबा को नाक हिलाने की अजीब आदत थी। उसका नाक कुछ पलों के अन्तराल के साथ ऊँचा-नीचा होता था। अपनी हरकत करता हुआ वह बोला—"मैं तुम्हें चुटकी बजाते नौकरी से लगा दूँगा। मेरे साहब मुझ पर बहुत ही मेहरबान हैं। कल मेरे साथ दफ्तर चलना।"

"बाबा!" माधो ने अपनी शंका प्रकट की—"तुम यार बहुत ही मजाकिया हो। मुझसे नौकरी के मामले में मजाक न करना।"

"वाह, तुम भी खूब हो। मजाक करने की आदत मेरी बहुत है पर इसका मतलब यह नहीं है कि मैं हर समय मजाक ही करता रहता हूँ। मैं तुम्हें सच्ची दोस्ती का वास्ता देकर कहता हूँ कि तुम्हें नौकरी लगवा दूँगा।"

"मैं तुम्हारा एहसान कभी नहीं भूलूँगा।"

तभी एक छोरा भागा हुआ आया। आकर बोला—"माधो, तेरी भौजाई तुझे बुला रही है।"

"लगता है प्रसाद तैयार हो गया है। चल बाबा, जरा रामदेव बाबा के प्रसाद चढ़ा आयें। सबसे पहले आज तुम्हें ही प्रसाद खिलाऊँगा।"

"आओ चलें।"

दोनों ने भौजाई से प्रसाद का भगोना लिया और रामदेव बाबा के मन्दिर में प्रसाद चढ़ा कर आये।

मूलकी और सूरजड़ी ने मिलकर सारी गुवाड़ में प्रसाद बाँटा। गुवाड़ वालों ने उन्हें बधाइयाँ दीं।

उस समय लोगों ने श्रद्धा भरे शब्दों में सूरजड़ी के साहस और श्रम की प्रशंसा की कि भौजाई हो तो ऐसी जो देवर के लिए धूनी रमा दे।

रात के समय सूरजड़ी ने खाना खिलाते समय माधो से कहा—"आज तुम्हारा भाई होता तो कितना खुश होता?"

"जब से नतीजा निकला है तब से मुझे उसकी याद बराबर आ रही है। कितनी आशाएँ थीं। कल मैं नौकरी के लिए बाबा के साथ दफ्तर जाऊँगा। उसने मुझे पक्का भरोसा दिया है कि वह मुझे नौकरी पर लगा देगा।"

"भगवान उसका भला करें। यदि तुम्हें नौकरी मिल गयी तो मैं रामदेव बाबा के फिर प्रसाद चढ़ाऊँगी।"

"मिल जाएगी। बाबा ने कहा है कि मेरा साहब बहुत ही भला है। गरीबों पर बड़ी दया करता है। वह तुझे जाते ही नौकरी देगा।"

"राम सा बाबा अच्छा ही करेगा।"

पर उस रात सूरजड़ी बहुत उदास रही। इतने लम्बे अर्से से भॉनी की अनुपस्थिति आज उसे सहसा अखरने लगी। उसे लगा कि उसका उद्देश्य पूरा हो गया है। इस उद्देश्य की पूर्णता के बाद उसे निरर्थकता सी महसूस हुई। उसे लगा कि उसकी त्याग-तपस्या का मूल्य कुछ नहीं है। मूल्य आँकने वाला तो कहीं परदेश में भटक रहा है।

वह एकान्त में आकुल हो उठी। आज उसे एकान्त काटने लगा। आज उसे सर्दी ठिठुराने लगी। वह करुण-विकल हो उठी। सुबकने लगी। आज सहसा रात उसे पहाड़ की तरह लगने लगी। इतनी लम्बी जैसे उसका कोई अन्त नहीं। उसे महसूस हुआ कि आज की रात नहीं कटेगी। आज उसे अंग-अंग में पीड़ा का अनुभव हुआ। वह उठी। उसने आकर बरसाली में देखा—माधो सोया हुआ है। गहरी नींद में खर्राटे भर रहा है। पर रजाई एक-दो जगह से अच्छी तरह से नहीं ओढ़ी हुई है। सूरजड़ी ने रजाई को व्यवस्थित किया। फिर उसे अपलक दृष्टि से देखती रही। सूरजड़ी की उस दृष्टि में एक शाश्वत भावना अवश्य भड़क रही थी—पीड़ा और दर्द की चिनगारियाँ।

फिर आकर वह रजाई में छुप गयी।

दूसरे दिन ही माधो ने आकर बताया—"भौजाई, बना दो एक बार फिर प्रसाद। मुझे नौकरी मिल गयी है।"

बाबा उसके साथ था। काफी प्रसन्न दिख रहा था। बाबा बोला—"भौजाई, अब तेरे सारे दुःख-दर्द मिटे। साठ रुपये लाएगा। अब क्यों नहीं भॉनी भाई को बुला लेती। इस गिरी से दस-बीस नीचा-ऊँचा करके फैसला कर लेंगे।"

''अब वह नहीं आया तो मैं स्वयं उसे लेने के लिए कलकत्ता चला जाऊँगा। कहूँगा, अब घर चलो। तेरा यह भाई दफ्तर का बाबू बन गया है।'' माधो ने दृढ़ता से कहा।

''तुम्हें जरूर भेजूँगी।'' सूरजड़ी ने बात पर जोर देकर कहा—''उसके बिना बहुत सह लिया है कष्ट! अब रहा नहीं जाता। एक पल भी रहा नहीं जाता।''

''कलयुग में ऐसी स्त्रियाँ नहीं होने की।'' बाबा ने माधो की ओर देखकर कहा—''जैसी तेरी भौजाई है!''

''सिर्फ मैं ही नहीं। इसके भाई की भी तारीफ करो। बाबा चाहे वह वहाँ कितना ही कष्ट में क्यों न रहा हो पर कुछ न कुछ रुपये भेजता ही था और सदा एक ही बात लिखता था—उसकी पढ़ाई बीच में न रहे। माधो पढ़ना न छोड़े।''

''छोड़ो इन बातों को। चल, प्रसाद बनाकर खिला।''

दुबारा फिर सारे मुहल्ले में प्रसाद बाँटा गया। चंद ही दिनों में माधो दफ्तर का सभी काम समझ गया। उसके साहब श्री 'ज्ञान' थे। जाति के ओसवाल। दयालु और सहज स्वभाव के। उन्होंने माधो को छोटे भाई की तरह प्यार किया। वे सदा एक ही बात कहते—''छोटे से बड़ा बनना ही मुश्किल है। राजा का बेटा सदा राजा ही बनता है पर रंक से राजा वही बन सकता है, जो सच्चा, सहृदय और दयालु होता है। अपने काम और कर्त्तव्य के प्रति सदा जागरूक रहो।''

''आपकी सलाह को मैं सदा ध्यान में रखूँगा। मेरी गलतियों के बारे में आप मुझे साफ-साफ बता दिया करें।''

''तुम्हारे काम से मैं बहुत सन्तुष्ट हूँ। इसी तरह काम करते रहोगे तो जल्दी ही बड़े अफसरों की निगाह में चढ़ जाओगे। और जो अफसर की नजर में बैठ गया वह जल्दी ही उन्नति कर लेता है।''

''आप सदा मुझे रास्ता दिखाएँगे।''

लेकिन माधो ने यह भी अनुभव किया कि जब से वह नौकरी पर लगा है तब से उसकी भौजाई उदास रहने लगी है। दिन भर वह खोयी-खोयी सी बैठी रहती है। जब कभी माधो पूछता, तब वह एक ही उत्तर देती—''पता नहीं देवर, मन क्यों उदास रहता है? दिल घबराता रहता है।'' एक दिन उसने कहा—''सोचती हूँ तुम्हारा ब्याह करा दूँ। मैंने एक लड़की देखी है। मुझसे भी ज्यादा खूबसूरत है। कल उसकी माँ मिली थी। कह रही थी अपने देवर को मेरी बेटी ले लो।''

''मैं कुछ नहीं जानता। जो तेरी मर्जी में आये कर दे।''

''नहीं देवर! अब तुम ठहरे दफ्तर के बाबू! तुम्हारे मिजाज दूसरी तरह के हो गये हैं।''

''मेरा कोई मिजाज नहीं। मैं जो कुछ हूँ तेरी वजह से हूँ। जो तू करेगी मुझे मंजूर होगा। पर भाई को पूछे बिना नहीं। बिना भाई के मैं शादी क्या, सगाई भी नहीं करूँगा।''

माधो को पहली बार लगा कि उसकी भौजाई अप्रत्याशित उम्र में बहुत बड़ी हो गयी है। इतनी बड़ी जितनी उसकी मूलकी मौसी। जो उम्र उसकी खेलने-कूदने की है, वह मानो जिम्मेदारियों से दब गयी है। उसका रूप-यौवन मलीन हो गया है।

तभी बाबा भागा-भागा आया—"माधो, अरे ओ माधो, तेरे नाम से तार आया है।"

"मेरा तार।" वह लपककर बाहर आया। तार का नाम सुनकर सूरजड़ी भी सजग-सी बाहर निकली। उसका मन शंकाओं से घिर गया। सारे मुहल्ले में चर्चा फैल गयी क्योंकि अक्सर इधर तार कोई न कोई बुरी खबर लेकर ही आता था। माधो ने हस्ताक्षर करके तार लिया। खोलकर पढ़ा तो उससे बोला नहीं गया। सूरजड़ी ने आकर पूछा—"क्या हुआ माधो?"

माधो फिर भी नहीं बोला। देखते-देखते मूलकी मौसी, बाबा व अन्य मुहल्ले के लोगों ने माधो को घेर लिया। प्रश्न पर प्रश्न? अन्त में माधो ने रोते हुए कहा—"भॉनी अब इस संसार में नहीं रहा।"

सन्नाटा छा गया। इस सन्नाटे के बीच सूरजड़ी पछाड़ खाकर गिर पड़ी। माधो अपनी ही हथेलियों से सिर पीटने लगा। मूलकी मौसी, अड़ोसी-पड़ोसी आकर उन्हें पकड़ने लगे पर सूरजड़ी और माधो छाती कूट-कूटकर रोते ही जा रहे थे।

दर्द, सब लोगों पर केवल दर्द छा गया।

मूलकी ने आकर बताया—"यह सरासर अन्याय है। अत्याचार है जब वह किसी के घर में जाना नहीं चाहती तब उसके साथ जबरदस्ती क्यों की जा रही है!"

माधो बात के प्रसंग को तुरन्त समझ गया। भॉनी को इस दुनिया से गये कई महीने हो गये थे। धीरे-धीरे सब सामान्य हो रहा था। सूरजड़ी पीहर चली गयी थी। पीहर से वापस नहीं लौट सकी। स्वयं माधो भी उसके पास कई बार गया था। उसने विनीत स्वर में कहा था—"भौजाई! तेरे बिना वह घर मुझे काटने दौड़ता है। हर दीवार खाने को आती है। लगता है—घर भूत-पलीतों का डेरा है।"

उत्तर में सूरजड़ी ने अत्यन्त व्यथापूरित स्वर में कहा था—"सब भाग्य के खेल हैं देवरजी! मेरे भाग्य में सुख है ही नहीं। तुम ब्याह क्यों नहीं कर लेते? घर में बहू के आने के बाद सब ठीक हो जाएगा।" अब सूरजड़ी उसे देवर की जगह देवरजी कहने लगी।

माधो इस प्रश्न का कोई उत्तर नहीं दे सका था। नितान्त खामोश हो गया। उसकी आँखें भर आयीं।

सूरजड़ी रोने के स्वर में उसे समझाती—"अपने आपको मत मारो देवरजी, तुम्हें जल्दी से घर बसा लेना चाहिए।"

"मैं ब्याह नहीं करूँगा।" कहने के बाद उसे लगा कि वह यह सब क्यों कह गया? वह उम्र भर कुँवारा रहेगा? फिर वह उदास हो गया।

"क्यों?" उसने अचरज से पूछा।

"बस कह दिया न, मैं ब्याह नहीं करूँगा। मैं इन झंझटों में नहीं पड़ता।" वह आवेश में भर-सा उठा।

तभी उन दोनों के बीच आ गया—सूरजड़ी का बड़ा भाई ढब्बूड़ा। दारू का आदी और निकम्मा। कमाने के नाम से उसकी साँस चढ़ जाती थी। बूढ़े माँ-बाप के साथ उसकी युवा पत्नी सुबह से बड़े बाजार मिट्टी के बर्तन लेकर जाती और साँझ तक रोटी का जुगाड़ करके लौट आती थी। इन दोनों को गम्भीरता से बातचीत करते हुए देखकर ढब्बूड़ा खलनायक की तरह आया और आकर बोला—"क्या खुसर-फुसर हो रही है देवर-भौजाई में?"

"कुछ नहीं।"

"कुछ तो जरूर हो रही है।" वह सन्निकट आ गया। उसके मुँह से दारू की बदबू आ रही थी। माधो ने अपनी नाक के आगे हाथ दे लिया। सूरजड़ी ने रोब से कहा—"फिर बीच में टाँग अड़ाने आ गया? हजार बार कह दिया है कि जब माधो आये, तब तू हमारे पास न आया कर, पर तू अपनी आदत से बाज नहीं आता।"

"मैं सब समझता हूँ।" वह जैसे कोई रहस्य प्रकट कर रहा हो, इस तरह आँखें हिलाकर, आँखें मटकाकर बोला—"मैं तुम दोनों का कोई नया चक्कर नहीं चलने दूँगा। मैं बच्चा थोड़े ही हूँ।"

सूरजड़ी को एकदम क्रोध आया। वह कड़ककर बोली—"सदा कहती रहती हूँ कि बकवास मत किया कर, पर तू मानता ही नहीं। ज्यादा तंग करेगा तो मैं वापस चली जाऊँगी।"

तभी उसका बाप आ गया। बाप को देखते ही वह बोली—"काका! इसे मना कर दो कि यह लुक-छिपकर हमारी बातें न सुना करे, आखिर माधो भी एक पढ़ा-लिखा आदमी है, मेरा देवर है, कहीं बुरा मान गया तो?"

सूरजड़ी के बाप को एकदम गुस्सा आ गया। वह कड़ककर बोला—"यह एकदम गधा है, उल्लू है। मूर्ख को समझाना कठिन और मारना सरल। राम जाने, मेरे भाग्य में यह गधा कहाँ लिखा पड़ा था।"

आक्रमण इतना तेजी से हुआ था कि ढब्बूड़ा सकपका गया। सूरजड़ी का बाप फिर चुप हो गया। इस बीच ढब्बूड़े को कुछ पल दुष्टता के लिए मिल गये। वह निर्भीकता से बोला—"मैं तो मूर्ख ही हूँ काका! पर मेरी एक बात का ध्यान रखना, यह हर रोज का मिलना, टके-पैसे देना, कुछ दाल में काला बता रहा है। कहीं ये आपस में अपनी सिट-पिट न बिठा लें। कोई सिट-पिट बैठ गयी तो?"

यह एक नया सत्य था जो सूरजड़ी और माधो ने पहली बार सुना।

सूरजड़ी एक पल में पीड़ा से तिलमिला उठी और अपने मुँह में पल्लू दबाकर भीतर भाग गयी। माधो गुस्से में भर उठा। बोला–"देख ढब्बू, ज्यादा बेसिर-पैर की मत उड़ाया कर वरना कभी तू मुँह की खाएगा। मेरे द्वारा हाथ-पाँव तुड़वाएगा।"

सूरजड़ी का बाप गोविन्दा बहुत चतुर था। वह नहीं चाहता था कि ढब्बू की मूर्खता माधो व सूरजड़ी को नाराज कर दे और जो महीने के पन्द्रह रुपये माधो द्वारा मिल रहे हैं, वे बन्द हो जाएँ। गोविन्दा ढब्बू को पकड़कर भीतर ले गया। उसने माधो से क्षमा माँगी।

माधो दुःखी मन लौट आया। आकर बिना खाये-पिये सो गया।

आषाढ़ का महीना लग गया था। रेगिस्तान की धरा अपनी चुनरी परिवर्तित करने के लिए व्यग्र हो रही थी। आषाढ़ का पहला बादल भी दो दिन पहले आ चुका था। फिर भी मौसम में उमस और घुटन थी। गुवाड़ के कुछ बूढ़े गली में सोया करते थे–बाहर खाटें बिछाकर; वे पंखी से हवा कर रहे थे। वे कहते थे–यह तपिश बरखा जरूर लाएगी।

माधो ने अपने घर का ताला खोला। सदा की तरह उसे सूरजड़ी याद आयी। उसके बिना यह घर कितना सूना हो गया है? कोई देखभाल करने वाला नहीं। भुतहा घर जैसा। वह भर-भर आया।

उसने बेमन से उजाला किया। उसकी खाट सदा की भाँति बरसाली में ही थी। घर सूरजड़ी के बिना जरूर सूना और बेतरतीब हो गया था पर अनेक नयी और बेहतर चीजें भी आ गयी थीं।

खाना वह स्वयं सवेरे बनाकर गया था पर अभी उसकी रुचि नहीं हुई कि वह खाना खा ले। वह बिस्तर को उठाकर डागले (छत) पर ले गया। और सो गया।

आकाश तारों से भरा था। वह विचारों में खोया-सा अपलक अम्बर को निहारता रहा। ढब्बूड़े ने उसके और भौजाई के बारे में कितनी गन्दी बात कही है? वह अवश-सा हो उठा। फिर अनमना और दुःखी!

"अरे माधो है?"

माधो ने बाबा की आवाज पहचान ली। सोते-सोते ही उत्तर दिया–"आ जाओ बाबा, मैं डागले पर हूँ।"

"क्यों, आज इतनी जल्दी डागले पर कैसे चढ़ गये?"

"ऐसे ही।"

बाबा डागले पर आ गया। अब वे दोनों जने खाट पर थे। तारों का हल्का-हल्का प्रकाश था। उस प्रकाश में कोई भी एक-दूसरे का चेहरा और उस पर दौड़ते हुए भावों को नहीं पढ़ पा रहा था।

"रोटी खा ली?" बाबा ने नया प्रश्न किया।

"नहीं, आज मूड खराब हो गया है बाबा।"

"क्यों?"

"क्या बताऊँ बाबा, आज ढब्बूड़े ने मेरे और भौजाई के बारे में एक गन्दी बात कह दी। मन ही खराब हो गया। सच, इस कलियुग में आदमी का मन कितना मैला हो गया है?"

"क्या कह दिया?"

"मैं उस बात को जबान पर भी नहीं ला सकता। सचमुच आदमी का बहुत पतन हो रहा है।" उसके स्वर में वेदना स्पष्ट झलक रही थी।

बाबा कुछ क्षण मौन रहा। कुछ सोच रहा था। फिर मद्धम स्वर में बोला—"यदि तुम बुरा न मानो तो मैं एक बात कहूँ?"

"कहो।"

"पहले वायदा करो, मेरी बात का बुरा नहीं मानोगे। मैं भी तुम्हें एक अजीब बात कहने जा रहा हूँ।"

"कह दो।"

फिर भी वह चुप रहा। बादल छा गये थे। रात का अँधेरा शून्यता की वजह से जरा और भयावह लगने लगा था। बस्ती के मजदूर और दिन भर के थके मर्द व औरतें पड़कर सो गये थे। इस यान्त्रिक युग में यदि नींद सच्ची सहचरी है तो सिर्फ इन अनपढ़ और कठोर मेहनती लोगों की। इन्हें विश्व की हलचल और अनागत अमंगल की कोई चिन्ता नहीं। सूर्य अस्त और ये मस्त!

"तुम कहते-कहते चुप क्यों हो गये?" माधो ने पूछा।

"मैं सोच रहा हूँ कि कहूँ या नहीं?"

"मन की बात मन में रखने से मन भारी हो जाता है। कह दो बाबा, कहने से मन हल्का हो जाएगा। मैं जरा भी बुरा नहीं मानूँगा।"

"मैं कह रहा था कि तुम... देख भायला (दोस्त) मेरी बात का बुरा न मानना, ठण्डे दिल से सोचना... तुम सूरजड़ी को अपने घर में क्यों नहीं डाल लेते?" उसने यह वाक्य कै की तरह उगला।

"बाबा! तुम्हें यह कहते हुए शर्म नहीं आयी।" वह जैसे फट पड़ा—"जिस भौजाई का मैं इतना आदर-मान करता रहा हूँ, उस भौजाई के साथ... नहीं, नहीं, बाबा, इसे मेरी गैरत सहन नहीं कर सकती। ऐसा मैं सोच भी नहीं सकता।" वह दुःख से तमतमा उठा। फिर बोला—"ऐसा पाप करने से तो अच्छा है कि मैं किसी कुतिया को घर में डाल लूँ।"

बाबा की आकृति किस संघर्ष में डूबी यह माधो नहीं जान सका पर बाबा ने अपने शब्दों को तोल-तोलकर फिर कहना शुरू किया—"माना तुम ऐसा सोच नहीं

सकते। तुम्हारी आत्मा इसे नहीं सह सकती। किन्तु तुमने यह भी कभी सोचा है कि तुम्हारी यह गैरत किसी के जीवन को नष्ट भी कर सकती है। उसके चारों ओर संकट खड़ा कर सकती है। शायद तुम इधर जरूरत से ज्यादा अपने आप में डूबे हुए हो।...अन्तर्मुख हो। आस-पास की चहल-पहल से परिचित नहीं हो। तुम नहीं जानते कि लोग कैसी-कैसी बातें करते हैं।''

''यह सही है।'' उसने श्वाँस छोड़कर कहा—''मुझे कुछ भी मालूम नहीं। मुझे सिर्फ इतना ही मालूम है कि मैंने जो कुछ किया उसकी कोई सार्थकता नहीं। उसका कोई मतलब नहीं। क्योंकि भाई के बिना यह सब सारहीन लगते हैं? आदमी अपनी सारी शक्ति से पहाड़ की चोटी पर चढ़ता है और कुदरत एक पल में उसे वापस रसातल में डाल देती है। सचमुच आदमी बहुत कमजोर है, कमजोर।''

''आदमी कमजोर है इसलिए ही लोग उसका अनुचित लाभ भी उठाते हैं। शायद तुम्हें नहीं मालूम है कि तेरी भौजाई का भाई ढब्बूड़ा चम्पला से दो हजार की बात कर रहा है। चम्पले को तुम जानते ही हो। वह ठेकेदार। सौ आदमी मरते हैं तब एक ठेकेदार पैदा होता है। फिर उसने तीन औरतें पहले भी रखी थीं और बाद में उन्हें नीम की निम्बोली की तरह चूसकर फेंक दिया था। ऐसे निर्दयी आदमी के पल्ले वह 'गाय' पड़ गयी तो जीवित नहीं बचेगी।... यह बात मुझे आज गिरी ने बताई थी। उसने गर्व से यह भी कहा था कि चम्पला ठेकेदार है, खोटा दारू बेचता है, वह बेचारी को रंडी बनाकर छोड़ेगा।... अब तुम खुद सोच लो।''

माधो ने कुछ भी उत्तर नहीं दिया। वह चुपचाप सुनता रहा। बाबा उदास-सा चला गया।

एकान्त उसे आज अप्रत्याशित रूप से अच्छा लगने लगा। उसे महसूस हुआ कि अँधेरा चुपचाप उसके नजदीक आकर बैठ गया है। उसका हाथ उसके हाथ पर है। खुरदरा और कठोर स्पर्श। कह रहा है—जो हो रहा है, क्या वह ठीक है? यह तेरी भौजाई पर जोर-जबर्दस्ती नहीं, जुल्म नहीं? अन्याय नहीं, जरा सोच!

अँधेरा उसके तन और मन पर चढ़ता गया। उसे यह महसूस हुआ कि उसके शरीर में शिथिलता आ गयी है।

सुबह धूप चढ़ने पर मूलकी मौसी ने आवाज लगायी—''अरे माधो! आज सोता ही रहेगा या उठेगा भी। दफ्तर नहीं जाना है?''

फिर भी वह नहीं उठा। उसने दोबारा आवाज लगायी। माधो उठा। उसे लगा कि आज उसका सिर भारी है। उसके बदन में टूटन-सी व्याप्त है।

''क्या बात है माधो? तबीयत तो ठीक है न?''

वह बिस्तर को कन्धे पर डालकर नीचे ले आया। उसे बरसाली में खाट पर रखा। किवाड़ खोलते हुए वह मौसी से बोला—''जरा सिर भारी है मेरा। सोचता हूँ, आज दफ्तर से छुट्टी ले लूँ।''

"इसमें इतना सोचने की क्या बात है? जान है तो जहान है। ले ले छुट्टी।" वह कुछ रुककर बोली—"आज रोटी तू मेरे यहाँ ही खा लेना।"

वह मौसी को देखता रहा। श्रद्धा भरी नजर से। फिर भावुकता से बोला—"मौसी, तू कितनी अच्छी है? हम ईश्वर को भला कितना ही कोस लें, पर यह सही है कि वह बड़ा ही दयालु है। वह किसी-न-किसी को सहारे के लिए भेज देता है। जब सब मेरे अपने चले गये तब उसने तुम्हें भेज दिया।"

मूलकी खाट पर धम्म-से बैठ गयी। बोली—"बड़े-बूढ़ों को एक दिन जाना ही था।...हमें भॉनी की मौत 'काली धार' डुबा गयी, कहीं का भी नहीं रखा। मैं तुझे सच कहती हूँ वह हिएँ का बहुत ही अच्छा था। उसे सिर्फ संगत ने बिगाड़ दिया।...यह गिरी है न, बहुत ही लफंगा और दुष्ट है। इसके आगे-पीछे कोई नहीं है। फिर भी जब तक किसी की बुराई न कर ले तब तक उसे चैन नहीं पड़ता। उसका खाया-पिया नहीं पचता। दरअसल भॉनी का हत्यारा यही है।"

माधो का हृदय और आँखें दोनों भर आये। वह बोला—"भॉनी की याद मुझे कहीं का नहीं रखती है। इच्छा होती है कि कहीं चला जाऊँ! साधु-संन्यासी बन जाऊँ।"

"यदि तू साधु-संन्यासी हो जाएगा फिर उस 'गाय' की रक्षा कौन करेगा? कभी अपनी भौजाई के बारे में भी सोचा है?... बेचारी सूरजड़ी! कितनी दुखियारी है। जीते-जी मर गयी।"

वह समझ गया कि बात का बहुत ही फैलाव होने वाला है इसलिए उसने कहा कि उसके बारे में वापस आकर शान्ति से बातचीत करूँगा, पहले मैं बाबा को अर्जी दे आता हूँ।

मूलकी उठती हुई बोली—"अच्छा, रोटी खाने के लिए जल्दी आ जाना।"

"ठीक है।"

वह सब कामों से निवृत्त होकर मौसी के घर पहुँचा। जीमने बैठा। थाली परोसते ही मूलकी ने फिर कहा—"मेरी बात पर क्या विचारा? शायद तुझे यह मालूम नहीं है कि उसका भाई और बाप उसकी क्या दुर्गत करने वाले हैं?"

"मौसी, मेरी समझ में कुछ नहीं आता। मैंने यह कभी सोचा ही नहीं था कि कभी इतनी दुखदायी समस्याएँ पैदा हो जाएँगी। और मेरी गाय सी सीधी भौजाई पर विपदा का पहाड़ टूट जाएगा।"

मौसी गम्भीर हो गयी। उसे रोटी परोसकर फिर बोली—"तू उसे सहारा दे इसमें हर्ज ही क्या है? कौन-सा धर्म बिगड़ता है? जिस भौजाई ने तेरे जीवन को इतना सुखी और अच्छा बनाया, क्या उसके प्रति तेरा कोई कर्तव्य नहीं? उसे सहारा देना तेरा धर्म है।"

माधो कुछ नहीं बोला। मौसी क्या-क्या कहती रही, वह अपने अन्तर्द्वन्द्व के कारण कुछ भी नहीं सुन सका।

बिलकुल शान्त रहा। रोटी को चबाता रहा। आज उसे रोटी स्वाद नहीं लगी। मन के आवेगों में उसकी अनुभूतियाँ जैसे अपना अस्तित्व भूल चुकी थीं। वह हाथ धोकर घर आ गया। आकर वह अपनी खाट पर पड़ गया। गर्मी बहुत ही बढ़ गयी थी फिर भी उसकी आँख लग गयी।

दोपहर धूप-वसन पहनकर और विकराल हो गयी थी।

कई दिन बीत गये।

उस दिन दोपहर को माधो आत्म-ग्लानि की मार्मिक पीड़ा से आहत-सा था। जो वातावरण इन दिनों उसके चारों ओर बना, वह इतना उलझा हुआ और विचित्र था कि उसे उसमें अपनी स्थिति नगण्य-सी महसूस हुई। वह बार-बार सोचता था कि उसके चारों ओर झंझावात है और वह एक तिनके के समान है। यदि वह उसमें पड़ गया तो उड़ जाएगा।

इधर यह चर्चा जोर पकड़ रही थी कि सूरजड़ी का नाता दुष्ट चम्पले के साथ होने वाला है। यह चम्पला पता नहीं किस कुंठा से ग्रस्त था कि अपनी उम्र व चेहरे को न देखते हुए नातों पर नाते कर रहा था। हालाँकि उसके कमरे में आदमकद शीशे भी थे पर अनेक व्यक्ति ऐसे होते हैं जिनमें आत्मालोचना की क्षमता नहीं होती, जो अपने-आपको नहीं पहचान सकते! हाँ, पैसा खूब था और पैसे वाले इस युग में कुछ भी करने में समर्थ होते हैं।

कई लोगों की यह राय थी कि इस विषय में माधो को पहल करनी चाहिए और सूरजड़ी को इस नरक में जाने से बचाना चाहिए। जिस औरत ने दिन-रात मेहनत करके उसे पढ़ाया-लिखाया और एक अच्छा आदमी बनाया, उसके लिए उसे सब कुछ बलिदान कर देना चाहिए। मर-मिट जाना चाहिए।

और अब माधो भी यह सोचता है और उसका इरादा भी है कि वह सूरजड़ी के लिए मर तो सकता है पर उसे अपने घर में नहीं डाल सकता। उसने उसकी पूजा की है, आदर किया है, श्रद्धा की है पर प्यार नहीं किया। उसके लिए गन्दे विचार भी मन में कभी नहीं लाया। उसने सदा उसके पाँवों की ओर श्रद्धा से देखा, चेहरे की ओर नहीं। न किसी बुरी भावना से देखा। कभी देखा भी तो आदर-भाव से।

उत्तर-पश्चिम के कोने से आँधी उठ आयी थी। लोगों का अन्दाजा था कि वर्षा होगी, जोरदार वर्षा होगी। आषाढ़ इस बार बिन बरसे नहीं रहेगा। माधो उठकर डागले पर आया। खाट और कपड़ों को उठाकर भीतर वाले कमरे में डाल दिया। कमरे के बाहर निकलते ही जैसे उसे अहसास हुआ कि कोई हँस रहा है। मन का भ्रम सत्य

नहीं हो सकता, पर वह कई प्रसंगों को अवश्य खोलता है, कुछ स्मृतियों की अवश्य याद दिलाता है।

सूरजड़ी और भॉनी भी इसी तरह कभी-कभी हँसा करते थे। यही मधुरमय हँसी। उसकी हिम्मत नहीं हुई कि वह वापस घूमकर देखे। वह अथाह पीड़ा से भर आया। वह आकर बरसाली में अपनी खाट पर टूटा-टूटा-सा बैठ गया।

आँधी अधिक काली-पीली नहीं थी। मूलकी बाहर जोर-जोर से कह रही थी कि आँधी के बाद बरखा जरूर होगी। हवा में काफी ठण्डापन है। जरूर कहीं वर्षा हुई है।

माधो चुपचाप बैठा रहा—पूर्ववत् धीरे-धीरे बूँदें पड़ने लगीं। वर्षा और तेज हुई। मोटी-मोटी बूँदें गिरने लगीं—रुपये के आकार जितनी। मोखी बहने लगी। बाहर पानी की बड़ी धाराएँ बहने लगीं। उसने मन ही मन रामदेव बाबा को धन्यवाद दिया कि आज उसने छुट्टी ले ली दफ्तर से वर्ना आने-जाने में बड़ी दिक्कत होती। इधर वह चन्द्रकान्ता सन्तति पढ़ रहा था। वह पुस्तक खोलकर बैठ गया। अब वर्षा तेज हो गयी थी। गली-गुवाड़ की बालक-बालिकाएँ पहली बरखा में नहा रहे थे। शोरगुल मचा रहे थे। बरखा की बूँदें जब बरसाली में आने लगीं तब उसने उठकर किवाड़ बन्द कर लिये। वह वापस आकर खाट पर बैठ गया। भौजाई को लेकर भावुकता से भर आया। एक विचित्र शून्यता से घिर गया। फिर ज्योंही पुस्तक खोलने लगा त्यों ही किसी ने उसके जोर-जोर से किवाड़ खटखटाये। उसने उठकर किवाड़ खोले। हतप्रभ-सा वह प्रश्न भरी दृष्टि से आगन्तुक को देखने लगा। बड़ी ही कठिनता से उसने कहा—"तू...भौजाई तू!"

"हाँ मैं।" उसने दृढ़ता से कहा। वह एकदम भीग गयी थी। उसका अंग-प्रत्यंग भीगेपन में जाग उठा था।

"बैठ, भौजाई बैठ, मैं तेरे लिए पहनने को क्या लाऊँ? तू तो एकदम भीग गयी है।"

"भीगने-सूखने की तुम चिन्ता छोड़ो। सूरजड़ी इतनी कच्ची मिट्टी की नहीं बनी है कि धूप-पानी से मर-खप जाए।"

"लेकिन बैठ तो सही साँस तो खा।"

सूरजड़ी कच्चे फर्श पर बैठ गयी। पानी की बूँदें जो उसके चेहरे पर से टपक रही थीं, उन्हें उसने पल्लू से पोंछा। कुछ आश्वस्त-सी होती हुई बोली—"कैसे हो?"

"ठीक हूँ। जी रहा हूँ।"

"बहुत दिनों से उधर आये ही नहीं। बाबा कह रहा था कि अब उधर आते शर्म आती है। तुम्हारे पन्द्रह रुपये मुझे बराबर मिलते रहे हैं।"

"मुझे भय लगता है भौजाई। न मालूम लोग मेरे और तुम्हारे बारे में क्या-क्या कहते रहते हैं? यह सब क्या हो रहा है। लोगों में कितना पाप भर गया है। लोग तुम्हारा नाता दुष्ट चम्पले से कर रहे हैं।"

"जो सुनते हो यदि वो हो गया तो मैं जीते-जी मर जाऊँगी। माधो! ये ढब्बूड़ा मुझे एक कसाई के हाथ सौंप रहा है। वहाँ मैं जल-जलकर मर जाऊँगी। उन्हें पैसों का लालच है। पर तुम चाहोगे कि मैं तड़प-तड़पकर मरूँ? मेरा लोक ही बिगड़ जाय।"

"नहीं।" उसने दृढ़ता से कहा।

"सिर्फ इतना कहने भर से क्या होगा? इसके लिए कुछ करना होगा।" उसने बुझे हुए स्वर में कहा।

"मैं तेरे लिए अपनी जान भी दे सकता हूँ। तू मुझसे कुछ माँग तो सही।"

"माँगने पर कुछ भी नहीं मिलता। यदि माँगने पर कुछ मिल भी जाए तो उसमें कुछ विशेष आनन्द नहीं। देवर, तुम जरा सोचो, तुम्हारी भौजाई को लोग हाट री चीज बना रहे हैं।"

माधो गम्भीर हो गया। बाहर पूर्ववत् बरखा हो रही थी। बच्चों का वैसा ही शोर हो रहा था। माधो ने एक बार सूरजड़ी की ओर देखा—उसे लगा कि उसका दर्द भीग कर और गहरा हो गया है। उसकी बड़ी-बड़ी आँखों में आँसू आ गये। पहली बार उसे यह भी महसूस हुआ कि वह कितनी कमजोर है, असहाय है।...उसके सामने एक ऐसी नारी बैठी है जिसने उसे एक अच्छा इन्सान बनाने में अपना खून-पसीना एक कर दिया था, और आज वह इतना अशक्त और दुर्बल है कि उसके लिए कुछ भी नहीं कर सकता। उसके भीतर कुछ उबल-उफन रहा था। वह सूरजड़ी को देखता रहा। पहली बार महसूस हुआ कि वह जिस नारी को अभी देख रहा है, वह सौन्दर्य की प्रकाश-पुंज है, उसमें एक उबाल है। उसने मन-ही-मन कहा कि वह काफी बदल गयी है। उसके अंग-अंग में जो ठहराव संघर्ष के दिनों में आया था, वह खत्म हो गया है और एक नया यौवन जो वसन्त के आगमन पर शाखों पर झूमता है, वही यौवनोन्मत्तता सूरजड़ी के तन-बदन में आ बसी है। सूरजड़ी को पहली बार माधो से लजाने की अनुभूति हुई। उसे भी अहसास हुआ कि उसका देवर जवान है। वर्षों के उपरान्त यह एक नयी और पुलक भरी अनुभूति।

अपनी आँखें मूँद कर माधो बोला—"तू यहाँ क्यों नहीं आ जाती? तुझे यहाँ कोई कष्ट नहीं होगा।"

"मैं यहीं आना चाहती हूँ। उस कसाई चम्पले के घर नहीं जाना चाहती। तुम्हें मुझ पर दया करनी होगी, खूब सोचकर दया करनी होगी।"

फिर वह उसी वर्षा में भीगती हुई हठात् चली गयी। माधो कई कँटीले प्रश्नों से घिर गया। भीतरी संघर्ष में वह विमूढ़-सा बैठा रहा।

वर्षा के थमते ही वह घर से बाहर निकला। गली में कीचड़ हो गया था। कच्चे मकान की दीवारें अच्छी तरह भीग गयी थीं। मूलकी और अन्य लोग कमठाणे से लौट

रहे थे। बस्ती का पंसारी दीनदयाल अपनी दुकान के पास जमा हुए पानी को बहाने की चेष्टा कर रहा था।

माधो बाबा से शीघ्र मिलना चाहता था। आज की सारी घटना पर उससे विश्लेषण कराके उस पर स्पष्ट राय जानना चाहता था। सूरजड़ी के उन शब्दों के गहरे अर्थों को समझने में उसकी मदद चाहता था।

माधो जब बाबा के घर पहुँचा तब बाबा की पत्नी अपने एक साल के बच्चे को गोद में लिये हुए खड़ी थी। उसे देखते ही बोली—"कहिए माधो जी, आज दफ्तर नहीं गये?"

"नहीं तो।"

"वे तो गये हैं। थोड़ी देर में आएँगे। वे कह रहे थे कि साहब ने बुलाया है, कुछ काम बाकी पड़ा है।"

"अच्छा, मैं थोड़ी देर में आता हूँ। वह आ जाए तो उसे कहना कि वह घर में ही रहे।" माधो यह कहकर जंगल की ओर निकल गया। स्वर्णिम रेत के टीबे भीग गये थे। धोरों पर ममोलिए नामक जीव चल रहे थे लाल मखमल के रंग के। वह निरुद्देश्य ही निर्जनता की ओर चलता रहा। बस्ती पीछे छूट गयी। वह एक टीले के शिखर पर जाकर बैठ गया। मिट्टी गीली थी पर बड़ी सुहावनी लग रही थी। ठण्ड का स्पर्श उसे आनन्ददायक लग रहा था।

दूर-दूर तक शान्ति थी। वह भीगे हुए चराचर को देखता रहा। धीरे-धीरे उसे यह अनुभव हुआ कि वह कायर हो गया है। उसका साहस मर गया है। भौजाई ने अपनी दृष्टि से घर आने की चाह को व्यक्त करते हुए जिस भावना का संकेत किया था, वह उसके मर्म तक पहुँचने की चेष्टा करने लगा। वे व्यथापूरित दो बड़ी-बड़ी आँखें! दर्द का अथाह समन्दर बसाये हुए दो आँखें! पनाह की भीख माँगती हुई दो आँखें!

वह काँप गया। उसकी धमनियों का रक्त जैसे बर्फ होने लगा। एकदम ठण्डा।

यह क्या हो रहा है? यह क्यों हो रहा है? यह किसलिए हो रहा है? वह अपने आपको वाचाल कर उठा। वह करे तो क्या करे।

दूर तक गीली रेत के छोटे-मोटे टीले। एक प्रशान्त मौन। उस मौन में सिर्फ वे शब्द 'तुझे मुझ पर दया करनी है। खूब सोचकर दया करनी है,' गूँज रहे थे।

वह व्यग्र हो उठा। अव्यक्त चिन्ता से पराभूत होकर वह रेत के टीलों में विक्षिप्त-सा दौड़ने लगा। उसे लगा कि उसके भीतर कोई और है। एक नया इन्सान पैदा हो गया है। दौड़ता-दौड़ता जब वह थक गया तब टूट कर ऐसे गिरा जैसे उसमें जरा भी शक्ति नहीं है।

वह हजारों कोसों की यात्रा करके आने वाले यात्री की तरह थक गया था। जब वह लौटा तब बाबा अपने घर आ चुका था। वह कपड़े खोलकर आराम से बैठा ही

था। उसे देखते ही बाबा ने कहा–"आ माधो आ, कहाँ चले गये थे? यह धोती पीछे से खराब क्यों है?"

"जी घुटने लगा तब मैं जरा जंगल की ओर चला गया था। भीड़ से जी घबराने लगा था।"

"किस भीड़ से?"

माधो के पास कोई उत्तर नहीं था। वस्तुतः वह स्वयं अपने आप से भाग रहा था। उसे नितान्त मौन देखकर बाबा ने पूछा–"चाय पीओगे?"

"नहीं।"

"अरे आज पी ले न!"

"नहीं भई, मुझे चाय जरा भी अच्छी नहीं लगती। लोग कैसे इसे दिन भर पीते रहते हैं।" उसने इधर-उधर देखा फिर कहा–"तुमसे कुछ खास बातें करनी हैं।"

"कर लो।"

"अपने तक ही रखना। चलो, डागले पर चलें। मौसम अच्छा है।"

दोनों जने डागले पर आ गये। दो फीट की चौड़ी दीवार पर दोनों आमने-सामने इत्मीनान से बैठ गये। बातचीत करने लगे। माधो सूरजड़ी के आने और उससे हुई सम्पूर्ण वार्ता का हवाला देते हुए उसने अत्यन्त गम्भीर स्वर में पूछा, "इन बातों का क्या अर्थ हो सकता है? मैं बड़ी उलझन में पड़ गया हूँ।"

बाबा की पत्नी चाय ले आयी थी। काँच का गिलास था। बहुत ही कड़क चाय है। यह चाय के रंग से स्पष्ट जाना जा सकता था। उसकी पत्नी जिस तेजी से आयी थी, उसी तेजी से वापस चली गयी।

बाबा ने एक घूँट लेकर कहा–"इससे साफ-साफ लगता है कि वह तुम्हारे घर में आना चाहती है और उसका फैसला सोलह आने ठीक भी है। तुमसे अच्छा जाना-पहचाना और समझदार आदमी उसे दूसरा कौन मिल सकता है?"

"लेकिन मेरा उसका सम्बन्ध...!"

"अपने को अधिक मत उलझाओ। जो सम्भव है और अच्छा है, उसे करने में ही सुख है। जरा उसके एहसानों को याद करो। यदि वह कठोर मेहनत नहीं करती तो क्या तुम आज इस स्थिति में पहुँचते, दफ्तर के बाबू बनते? तुम्हारे समाज में यह गौरव पहली बार इस बार इस बस्ती में तुम्हें ही मिला है। क्यों मिला है, इसका सारा श्रेय सिर्फ सूरजड़ी यानी तुम्हारी भौजाई को है।"

"मैं भी इसे मानता हूँ।"

"उस समय उसने अपने-आपको भुला दिया था। उसे इस चीज का भी ज्ञान नहीं रहा कि उसके अंग-अंग में जवानी मचल रही है। उसकी उम्र हँसने-खेलने और मौज मनाने की है। पर उसने तब सिर्फ इतना ही याद रखा कि उसे अपने देवर को पढ़ाना है, माधो को दफ्तर का बाबू बनाना है। वह बहुत ही सीधी, भावुक और

संवेदनशील है। वह मन को जीने वाली है केवल तन को नहीं। माधो, मेरी बात मानो और उससे 'नाता' करके उस पर सचमुच दया करो। वह यही दया माँग रही है।"

माधो गूँगा हो गया।

बाबा बैठा-बैठा चाय पीता रहा। सूर्य देवता कहाँ हैं, घने बादलों में कोई नहीं जान पा रहा था। छोटे-छोटे बच्चे मिट्टी के घरौंदे बना रहे थे। कुछ कबड्डी खेल रहे थे।

चाय को खत्म करके बाबा ने फिर पूछा—"तुमने क्या सोचा?"

"यह कैसे सम्भव हो सकता है? बाबा, यह नहीं हो सकता। जिस नारी को मैंने पूजा उसे बिस्तर बनाऊँ। ऐसा मुझसे नहीं हो सकता।" वह उठ कर चला आया। आकर रोटियाँ बनाने लगा। जब वह रोटियाँ सेंक रहा था तब मूलकी ने आकर कहा कि "क्यों नहीं अच्छी गृहस्थिन लुगाई सूरजड़ी को घर में डाल लेता। वह तेरे घर को खूब अच्छी तरह जानती है, आते ही सब ठीक कर लेगी। सुरग बना देगी घर को। अहसान भी उतर जाएगा तेरा। उसे नरक में मत ढकेल।"

माधो ने कोई उत्तर नहीं दिया। उसने चूल्हे की लकड़ियों को छेड़कर रसोई में धुआँ कर लिया। मूलकी भी उस असह्य मौन के कारण चली गयी।

माधो को धुआँ अच्छा लग रहा था। वह चाहता था कि वह सिर्फ घुटता रहे, घुटता।

बात का बतंगड़ बन गया। हर कोई यही कहता था कि सूरजड़ी का बाप और उसका भाई उसे चम्पले के हाथ बेच रहे हैं और चम्पले के नाम के साथ लोगों की जीभ पर एक कड़ुवापन तैर आता था। तरह-तरह की अटकलबाजियाँ लगायी जाती थीं और अन्त में लोग निर्णय लेते थे कि इसमें सारा कसूर माधो का है। यदि माधो साहस करके अपनी भौजाई पर अपना पहला हक पैदा कर ले तो क्या मजाल जो चम्पला या कोई और उसके बाजू को पकड़ने का साहस करे।

मौसी मूलकी तो गरज कर कहती—"वह गाय है। गरजे तो किसके जोर पर? आत्मा काँपती है उसकी। आज माधो उसको सहारा दे दे तो किसकी औकात कि उस ओर देख ले। पर बापड़ी के भाग ही खराब हैं। अब तो माधो को ही दया करनी होगी।"

माधो तो जैसे मिट्टी का माधो बन गया था। उसकी अक्ल कुछ भी काम नहीं करती थी। वह दफ्तर से आता और घर में घुस जाता था। कभी-कभी मूलकी उससे जरूर बातचीत करती थी। बात का विषय होता था सिर्फ सूरजड़ी। सूरजड़ी पर होने वाले अन्याय का वर्णन।

"सूरजड़ी बहुत परेशान है।" मूलकी उदासी से कहती है।

"मुझे मालूम है।"

"फिर तू हाथ पर हाथ रखे कैसे बैठा है? तुझे कुछ करना चाहिए।"

"मैं कुछ नहीं कर सकता।"

"क्यों नहीं कर सकता?" वह गरजती—"तेरे हाथों ने क्या चूड़ियाँ पहन रखी हैं। अरे इतना कठोर मत बनो?"

"यही समझ ले।" वह सहसा आवेश में भर जाता। उसकी आँखों में उसके अन्तस् की पीड़ा और संघर्ष दहक उठता। उसकी इच्छा होती कि वह चीख पड़े। झल्लाकर कहे—मेरी इच्छा मेरी इच्छा! पर वह निरुत्तर रहता। उसकी जबान तालू से चिपक जाती। वह सिर झुकाकर बैठा रहता।

मूलकी कहती रहती—"उसने तेरे लिए कितने कष्ट उठाये हैं? क्या-क्या सहा है? क्या तेरा कलेजा उन बातों को याद करके पसीजता नहीं?"

वह इस पर भी चुप रहता। जैसे वह बहरा हो गया है। उसके पास सूरजड़ी को लेकर कोई जवाब नहीं है।

फिर बाबा भी उससे यही पूछता—"तूने अपनी भौजाई के बारे में क्या सोचा? उसमें क्या कमी है? वह एक सुन्दर, स्वस्थ और पानीदार युवती है। तुम्हें सभी तरह का सुख दे सकती है। इसमें अधर्म भी नहीं। सब धर्मसंगत है।"

"मैं उसे देखकर एक करुणा से अभिभूत होता हूँ। तुम लोग यह क्यों नहीं सोचते कि मैंने उसे किस रूप में चाहा है? उसकी किस श्रद्धा से पूजा की है?"

"यह सही है पर यह भी एक कटु सत्य है कि हर आदमी अपने पहले सम्बन्धों की आरम्भ में पवित्र दृष्टि ही रखता है। बाद में नये रिश्ते परिस्थितिवश बनते हैं।... हाँ, यह जरूर विचारणीय है कि तुम नारी की पवित्रता को लेकर खामोश रहो। यह भी झुठलाया नहीं जा सकता कि सूरजड़ी तुम्हारे भाई की बीवी रह चुकी है। एक जूठ है। उसके देह मन्दिर की पवित्रता मिट चुकी है।"

"तुम मूर्ख हो।" माधो चिढ़ गया—"पढ़े-लिखे मूर्ख! मैं इन फालतू बातों पर नहीं सोचता। मुझे सोचने की फुरसत नहीं। मैं सिर्फ इतना ही सोचता हूँ कि वह मेरी भौजाई है। पूजा के लायक भौजाई।"

"पर इसे न्याय, समाज, नियम और धर्म तेरी पत्नी बनने की इजाजत और हक देते हैं, ऐसी स्थिति में तुम्हें ज्यादा न उलझकर उस बेचारी का उद्धार करना चाहिए। वह दिन-प्रतिदिन कितनी मुसीबतों में घिर रही है!" वह गम्भीर हो गया—"जरा सोचो, कल वह जबरदस्ती किसी के घर में डाल दी गयी, वहाँ उस पर राक्षसी अत्याचार हुए तब? तब लोग कहेंगे इसने जानबूझकर अपनी भौजाई का सर्वनाश किया। उसे एक कुंभीपाक नरक में ढकेल दिया।" वह आर्द्र हो गया—"मेरी व्यक्तिगत राय है कि यह तुम्हारा उसके प्रति सरासर अन्याय होगा? तुम्हें इस बारे में पाँव पीछे नहीं हटाना चाहिए। उसे नर-पिशाचों के हाथों सौंपना पाप होगा। उस पाप को ईश्वर भी क्षमा नहीं करेगा।"

इन सभी बातों से उसका दिमाग भारी हो जाता था। दिन-प्रतिदिन वह अपने को बहुत ही कमजोर अनुभव कर रहा था। उसकी स्थिति नाजुक थी। लोग कुरेदते थे और वह तिलमिलाता था। उसे लगा कि वह आदमी न रहकर एक जख्म हो गया है।

रात हो गयी। सावन की रिमझिम फुहारें, भागते हुए मेघ। मधुर-मधुर तरल पवन।

पुरुषोत्तम की लड़की अकेली डागले पर बैठी गा रही थी, "साजन घर आवो जी, म्हलाँ में डरपे 'सुन्दर' अकेली..." उसके स्वर में मर्मान्तक वेदना है, एक आमन्त्रण है। एक कसक व पीड़ा है। अपने ससुराल से अपमानित, प्रताड़ित एवं निर्वासित होकर पुरुषोत्तम की बेटी वापस ससुराल नहीं गयी। स्वाभिमान की बात बीच में अडिग दीवार बनकर खड़ी हो गयी थी। उसका बाप रटे-रटाये वाक्य हमेशा दोहराता था—"वह नहीं जाएगी, किसी कीमत पर नहीं जाएगी। मेरी बेटी आखिर इन्सान है, जानवर नहीं। मैं इसे कसाइयों के हाथ नहीं सौंप सकता जो उसे बात-बात पर पीटते रहते हैं।"

पर वह बेचारी एक आग में जलती रहती थी। रात के अँधेरे में डागले पर प्रेतात्मा की तरह घूमा करती थी। चुप और शान्त।

और जख्म बना माधो उसे देखता रहता था। निरन्तर निरुद्देश्य देखता रहता था। तब उसे सूरजड़ी की याद हो आती थी। यही चिरन्तन विरह और पीड़ा। अपमान और प्रतारणाएँ। उसकी आत्मा तड़प जाती।

अब की बार सूरजड़ी ने मूलकी मौसी के हाथ माधो को रुपये भी वापस कर दिये थे। जब वह रुपये वापस कर रही थी तब सूरजड़ी का भाई ढब्बूड़ा भूखे नेत्रों से उसे देख रहा था। सूरजड़ी कह रही थी—"देवर से कह देना मौसी कि वह सुख से रहे। भौजाई के अहसानों को भूल जाए, भूल क्या जाए, वह तो भूल गया होगा? न भूला होता तो मुझे इस तरह कसाइयों के हाथों नहीं सौंपता?"

मूलकी मौसी उदास हो गयी। मौसी ने अत्यन्त मन्द स्वर में ठहर-ठहर कर कहा—"सूरजड़ी! तू कहीं भाग क्यों नहीं जाती?"

"इससे लाभ क्या होगा?" सूरजड़ी ने कहा—"इन बेचारों को हजार-दो हजार रुपये मिलने वाले हैं, वे भी नहीं मिलेंगे। ऐसा जुल्म इन पर क्यों करूँ? फिर भागकर रहना तो दुनिया में ही पड़ेगा। कहीं इस कसाई की जगह किसी बड़े कसाई के हत्थे चढ़ गयी तो और बुरी गत होगी।"

मौसी ने रुपये लाकर माधो की हथेली पर रख दिये। माधो प्रश्न भरी दृष्टि से उन नोटों को देखता रहा। मौसी कुछ नाराजगी से बोली—"उसने कहा है कि जब सारे नाते-रिश्ते ही खत्म हो रहे हैं, फिर इसकी क्या जरूरत है? हथेली तो अपनों के आगे ही पसारी जाती है।"

माधो ने कुछ नहीं कहा पर वह मौसी को टुकुर-टुकुर देखता रहा।

मौसी ने अपनी बात को स्पष्ट करते हुए कहा—"जब वह दो-चार दिनों में दुष्ट चम्पले के घर चली जाएगी तब उससे तेरा कौन-सा रिश्ता बाकी रह जाएगा। सारे नाते-रिश्ते खत्म! सच माधो, वह बेचारी बहुत ही दुखी है। उसे तू अपने घर क्यों नहीं ले आता?"

"मैंने कौन-सा उसे मना किया है।" उसने थोड़ा झल्लाकर कहा—"वह आ सकती है, यह उसका अपना घर है। उसका उतना ही हक है।"

"वह अब कैसे आ सकती है? यह समाज और दुनिया अब तुम दोनों को जिन्दा नहीं रहने देगी। बात बहुत बढ़ गयी है। काफी बदनामी हो गयी। अब तो वह हक से ही आएगी।"

"नहीं, मौसी, नहीं...।"

मौसी नाराज हो गयी—"जो तेरी मर्जी में आये कर। मैं तेरे और उस गाय के भले के लिए ही कहती हूँ। चोखी बात तेरी समझ में नहीं आती। जब तक वह जान से नहीं मर जाती तब तक तेरी कुबुद्धि नहीं जाएगी।"

मौसी धुआँ-फुआँ होकर चली गयी।

वह दुखों से घिरा आत्मलीन-सा बैठा था। अपने ही परिवेश, सन्दर्भ और सम्बन्धों से कटा। उसे लगा कि वह भीतर-ही-भीतर रो रहा है? आँखों को छुआ तो उन्हें गीली पाया।

उन्मादित और भीगे सावन में उसका मन भीतरी ताप से झुलस गया। उसका मन किसी बात पर नहीं लगता।

'मैं कितनी विकट समस्याओं में घिर गया हूँ।' एक दिन माधो ने दफ्तर में बैठे-बैठे सोचा। फाइल उसके सामने खुली थी। होल्डर उसकी उँगलियों में दबोचा हुआ था। वह अपने आपको दफ्तर की भीड़ से अलग-अलग महसूस कर रहा था। टाइप की खटखट उसे थोड़ी पीड़ादायक लगी। क्लर्कों की खुसफुसाहट उसे रुचिकर नहीं लगी। उसकी इच्छा हो रही थीं कि वह एकान्त में चला जाए जहाँ प्रशान्त मौन हो। कोई दूसरा न हो।

उस दिन की घटना के पश्चात् उसे पहली बार अपनी भौजाई के रूप-यौवन में बहुत आकर्षण लगा था और भौजाई ने लाज से अपने नयन झुका लिये थे तब से उसकी स्थिति विचित्र हो रही थी। नयी-नयी अनुभूतियाँ जो नैतिक दृष्टि से उसे कतई ठीक नहीं लगती थी, उसके मन में जागती थीं और वह अपने आपको अपराधी-सा पाता था।

वह बहुत देर तक अपनी पूर्ववत् स्थिति में बैठा रहा। फिर काम में लग गया। वह सर्वथा बेमन काम करता रहा। अन्त में घड़ी की सुइयों ने छुट्टी की सूचना दी। वह और बाबा दफ्तर से साथ-साथ बाहर निकले।

सड़क थोड़ी देर के लिए भीड़ से भर गयी थी। साइकिल वाले घंटियाँ बजाते हुए भाग रहे थे।...आज आकाश फिर बादलों से भरा था। गौरीचंद दयाराम को कह रहा था कि भाई आज बरखा जरूर होगी।

बाबा ने कहा—"जमीन का जायका लेता हुआ न चल, जल्दी-जल्दी पाँव उठा। कहीं बरखा शुरू हो गयी तो घर पहुँचना मुश्किल हो जाएगा मेरे माधो।"

माधो के चेहरे पर उदासी की परछाइयाँ थीं। वह जाती हुई भीड़ को देखकर बोला—"मुझमें चलने की शक्ति नहीं है। बेदम हो रहा हूँ।"

"क्यों तबीयत तो ठीक है न?"

"तबीयत को कुछ भी नहीं हुआ है। सिर्फ भौजाई की समस्या है। उस समस्या की आग में मैं जल रहा हूँ। ... आज मूलकी मौसी ने बताया था कि सूरजड़ी कई रोज से अपने मैके वालों का विरोध कर रही है फलस्वरूप कल उसके पीहर वालों ने उसे पीटा। सारी गुवाड़ में हो-हल्ला मच गया।"

बाबा और माधो ने कच्ची पगडंडी पकड़ ली। यह रास्ता अधिक सूना था। इक्का-दुक्का ही कोई आदमी आता-जाता दिखाई पड़ रहा था। वे दोनों चले जा रहे थे।

बाबा ने आकाश पर छायी घटाओं को देखते हुए कहा—"तुमसे बहस कौन करे? समझेगा तो तू नहीं।...सही बात तो यह है कि तुम्हें वह करना चाहिए जो मैंने तुम्हें पहले कहा था यानी अपनी भौजाई को तुम अपने घर में डाल लो। यही पुण्य का काम है।"

"पता नहीं यह सब मुझे विचित्र क्यों लग रहा है? जैसे मैं कोई दुराचार या पाप कर रहा हूँ, उफ! बाबा! इस विचार से मैं भीतर-ही-भीतर भयभीत हो जाता हूँ।"

"ये सब मन में वहम हैं। ऐसा तुम्हारे समाज में होता है, होता आया है और होता रहेगा। तुम अपनी व्यर्थ की उलझनों से उस निरीह जान को नरक में जरूर ढकेल दोगे।"

माधो ने कोई जवाब नहीं दिया। एकाध बूँदा-बूँदी शुरू हो गयी थी। उनकी बात का सिलसिला टूट गया और वे जल्दी-जल्दी कदम उठाने लगे। शहर की चारदीवारी नजदीक आ गयी थी। चारदीवारी के गेट के भीतर घुसकर उन्होंने आकाश की ओर देखा। काली घटाएँ जो आकाश में इधर-उधर बिखरी हुई थीं, आपस में संघर्ष करने के लिए उतावली हो रही थीं।

बाबा ने तेज स्वर में कहा—"जल्दी-जल्दी पाँव उठा। आज आकाश को चीरकर बरखा होगी।"

दोनों जल्दी-जल्दी चलने लगे।

जब वे घर पहुँचे तब घटाएँ ऐसे ही संघर्ष कर रही थीं पर जोर से बरसी नहीं। माधो ने घर में घुसते ही देखा कि एक मरा और क्षत-विक्षत चूहा पड़ा है। उसने आँगन

में आकर छत की मुँडेर की ओर देखा। एक कौवा बैठा था। शायद वही उसे यहाँ डाल गया है। उस चूहे को देखकर उसके मन में पीड़ा और वितृष्णा दोनों हुई। उसने चूहे को दो लकड़ियों का चिमटा बनाकर बाहर फेंक दिया। पानी से उस जगह को साफ करने लगा। तुरन्त उसे महसूस किया कि वह होती तो? इन सब कामों में औरत की जरूरत होती है। भौजाई थी तब मुझे कोई भी काम नहीं करना पड़ता था। वह कठोर श्रम करके उसे खुश-प्रसन्न रखती थी।

वह भावाभिभूत-सा डागले पर आकर खड़ा हो गया। जलद गर्जने लगे थे। उसने उन्हें देखते-देखते यह निर्णय किया कि आज वह खाना नहीं बना पाएगा। उसने मूलकी मौसी को आवाज लगायी। काका ने कहा कि वह अभी तक कमठाणे से नहीं आयी है। तभी उसे मूलकी मौसी आती दिखायी पड़ी। उसमें कुछ उत्साह जागा। वह शीघ्रता से नीचे उतरा। घर से बाहर निकलते ही उसने आवाज लगायी—"मौसी!"

मूलकी ठहर गयी। उसकी दृष्टि माधो के संघर्ष भरे चेहरे पर थी। बोली—"क्या है?"

"मेरे लिए भी दो रोटियाँ बना देना। मौसी! आज मुझे अधिक भूख नहीं है।" उसने कहने के साथ-साथ सफाई पेश की।

"क्यों झूठ बोलता है रे माधो, बनाने का आलस आता होगा और भूख न होने का बहाना कर रहा है।" वह उसके सन्निकट आ गयी। वह अपने शब्दों को लम्बा करती हुई बोली—"मैं खूब जानती हूँ कि तू आजकल बड़ा परेशान रहने लगा है। मेरी बात मान और सूरजड़ी को घर में डाल ले। क्यों उस गाय को उन कसाइयों के हाथों मरवा रहा है!"

वह कुछ नहीं बोला। शान्त और चुपचाप खड़ा रहा। मूलकी ने फिर कहा—"ऐसी लुगाई तुझे दीया लेकर ढूँढ़ने पर भी नहीं मिलेगी। ठण्डे दिल से सोच, मेरी बात में तुझे बहुत 'सार' नजर आएगा।" वह क्षण भर रुककर फिर बोली—"जीवन भर कुँवारा नहीं रहेगा, अकेला नहीं रहेगा। कोई-न-कोई इस घर में आएगी ही। फिर तू उसे क्यों नहीं लाता जिसे तू बाहर-भीतर से जानता है। एक अच्छे देवर के नाते उस पर दया करना तुम्हारा धर्म भी है। इसे हमारी जाति का नेम धरम भी मानता है तू उस पर दया करेगा तो भगवान तुझ पर दया करेगा।"

वह सदा की तरह निरुत्तर रहा।

मूलकी ने जाते हुए कहा—"इस तरह कितने दिन चलेगा?" वह काफी गम्भीर हो गया—"मेरा यह विचार है कि वह इस जोर-जबरदस्ती में कूवा-खाड़ न कर ले।"

वह बड़बड़ाती हुई चली गयी।

वह वापस डागले पर आकर खड़ा हो गया। आकाश पूर्ववत् बादलों से भरा था। काले कजरारे मेघ बरस नहीं रहे थे। वह उन्हें देखता रहा। धीरे-धीरे बादल साँझ की

बढ़ती हुई कालिमा में घुलने लगे। वह नीचे उतरा। उसने लालटेन जलाया। बरसाली उजाले से भर गयी। वह कुछ देर यूँही खड़ा रहा। फिर विचारमग्न सा खाट पर बैठ गया। घर का दरवाजा खुला था। विचार करते-करते उसकी नजर किवाड़ की ओर उठ जाती थी। जैसे कोई आया है। पर कोई नहीं आया। उसके अन्तस् में एक निराशा सी जागी। जैसे वह भीतर से टूट रहा है। उसने सोचा कि उसकी भौजाई इस तरह नहीं आएगी। अब आएगी तो नेम-धरम से आएगी।...सूरजड़ी। उसके बड़े भाई की पत्नी। उसे कितने धर्म संकट में डाल गयी। हे प्रभु, मेरी मदद कर।

सूरजड़ी, उसके मृतक भाई की जोरू ने उसे बड़े ही आल जंजाल में डाल दिया है। वह सूरजड़ी को लेकर बहुत देर तक सोचता रहा। उसे लगा कि वह उलझनों से घिर गया है।

बाहर मेघगर्जना शुरू हो गयी थी। शायद पानी बरसे। सावन में बादलों का भरोसा नहीं। न जाने कब बरस पड़े? वह बाहर निकला। गली में आकर खड़ा हो गया। काले बादलों के कारण जन्म लेती रात बहुत ही अन्धकारमय हो गयी थी। वह आकाश को देखता रहा। उसे महसूस हुआ कि वह व्यर्थ ही अपने समय को मार रहा है। तभी उसे कोई युवती अपनी ओर आती हुई दिखाई पड़ी। अँधेरा था। वह दूर से उसे पहचान नहीं सका। जब वह समीप आयी तब वह आकुल हो उठा। वह भागकर भीतर चला गया। उसके पीछे-पीछे सूरजड़ी भी भीतर आयी। वह कुछ देर तक फर्श पर बैठी सूरजड़ी को देखता रहा। वह हाँफ रही थी। उसने अपनी पलकें मूँद रखी थीं। उसके हाँफने से लग रहा था कि वह जैसे हजारों मीलों से भाग कर आयी है।

"क्या बात है, भौजाई?" उसने अपने को संयत करके पूछा।

"..." वह पूर्ववत् स्थिति में बैठी रही। वह भी खाट पर बैठ गया। फिर सूरजड़ी अपने चेहरे के पसीने को पोंछती हुई लम्बी साँस लेकर दृढ़ता से बोली—"मैं तुम्हारे पास आ गयी हूँ।"

माधो कुछ समझा नहीं। वह प्रश्न भरी दृष्टि से सूरजड़ी की ओर देखने लगा।

सूरजड़ी अपनी गहरी व्यथा भरी दृष्टि उस पर डालती हुई बोली—"मैं यहाँ आ गयी हूँ। सदा-सदा के लिए आ गयी हूँ। अब वापस नहीं जाऊँगी। देवरजी! तुम में हिम्मत नहीं, तुम मुझे जीते-जी राक्षस के हाथ सौंप सकते हो, आग में डाल सकते हो पर मैं जीते जी मरना नहीं चाहती।"

माधो बड़ी मुश्किल से बोला—"तुझे यहाँ रहने पर कौन मना करता है? तेरा अपना घर है यह। तू इस घर की मालकिन है।"

"पर मुझे अब इस तरह यहाँ कौन रहने देगा देवर जी! बिना खसम की लुगाई की इज्जत एकदम सफेद कपड़े की तरह होती है। हाथ लगने भर से दाग लग जाता है। बिना धणी (मालिक) की गाय का कौन रखवाला होता है? तुम जरा सोचो।"

माधो को पहली बार महसूस हुआ कि भौजाई का व्यवहार बर्ताव बदल गया है। उसके सम्बोधन में आदर आ रहा है।

"मैं क्या कर सकता हूँ।" वह असहाय-सा बोला–"मेरी समझ में कुछ नहीं आता। मेरी बुद्धि को दीमक चाट गयी है।"

सूरजड़ी ने अपना ओढ़ना एक ओर खिसका दिया। फिर काँचली को हटाते हुए उसने अपनी पीठ दिखायी। भर्राये स्वर में बोली–"यह तो समझ में आता है। देखो देवर जी, मुझे उन कसाइयों ने किस निर्दयता से पीटा है। वे मुझे बेचना चाहते हैं देवर जी! देखो...देखो...तुम्हारी उस भौजाई को जिसने अपने करतभ (कर्त्तव्य) के लिए, तुम्हारे लिए क्या नहीं किया? क्या तेरा भाई होता तो यह सब होने देता! भाई मर गया। वह तुझे मुझे सौंप कर गया था और आज मैं तुझे अपने को सौंपती हूँ। तू भी अपने भाई-भौजाई का करज चुका और करतभ निभा।"

पीठ पर उभरी हुई नीलों को देखकर माधो का हृदय काँप उठा। दर्द का सैलाब उसके भीतर आया। कुछ-कुछ चोटों से खून चूसा रहा था। उसका मन क्रोधजनित आवेश में भर गया। उसकी इच्छा उन चोटों को सहलाने की हुई पर वह संस्कारों के कारण पत्थर का बना खड़ा रहा। उसकी आँखों में गीलापन तैर आया था। वह भर्राये स्वर में बोला–"तुझे किस नीच ने पीटा, भौजाई।"

"वे नीच अभी थोड़ी देर में मेरे पीछे पहुँच रहे हैं।"

"क्यों?"

"मुझे लेने। तुझे धमकाने।"

"क्यों? हुँ।"

"वे परसों मुझे चम्पले के घर में डालेंगे। तेरी भौजाई को कसाइयों को सौंपेंगे।"

"उनकी ऐसी की तैसी।" माधो एकदम गुस्से में भर उठा। उसे महसूस हो रहा था कि उसके भीतर कुछ उबल रहा है। वह क्रोध में एक अजीब-सी आवाज तत् तत् कर उठा। बेचैनी से चहलकदमी करने लगा। बोला–"एक-एक साले को यमलोक पहुँचा दूँगा। लाठियों से जमीन पर सुला दूँगा। समझ क्या रखा है मा... ।" फिर उसने अनेक भद्दी गालियाँ निकाल दीं।

"वे कई लोग हैं। मेरे भाई के साथ 'गिरी' भी है।"

"गिरी क्या, गिरी का बाप भी क्यों न हो, मैं एक-एक को देख लूँगा। तू चिन्ता न कर भौजाई, मैं सबको दिन के तारे दिखा दूँगा।"

वह उसी समय बाबा के घर गया। सारी स्थिति समझायी। बाबा लट्ठ लेकर बाहर आ गया। उसने गली के चौराहे पर आकर गली वालों का आह्वान किया कि "हम लोगों के रहते हुए उस देवी जैसी पवित्र और गाय जैसी भली सूरजड़ी पर कोई जोर-जुल्म नहीं होना चाहिए। क्या हम लोगों में राम नहीं? क्या हम चूड़ियाँ पहनकर बैठे हैं कि ऐरा-गैरा नत्थू-खैरा हमारी गुवाड़ में आकर हमारी बहू-बेटी को ले जाए।

सूरजड़ी पर हाथ डालने वालों के हाथ तोड़ने ही पड़ेंगे। ...यह हमारे मुहल्ले की इज्जत का सवाल है।''

समय की बात थी। सभी लोग तुरन्त इकट्ठे हो गये। बाबा ने और ओजस्वी स्वर में गली वालों को उत्तेजित किया, भड़काया। उसने कहा—''इसका मतलब साफ-साफ यह हुआ कि कल कोई भी ताकतवर किसी भी गरीब-कमजोर की बहू-बेटी को उठाकर हमारी आँखों के सामने से ले जा सकता है?''

''ऐसा नहीं होगा। हम उन्हें लाठियों से मार-मार कर जमीन को लाल कर देंगे।'' कई स्वर उभरे।

बाबा, माधो और अन्य गली-गुवाड़ के मर्द-बच्चे इकट्ठे हो गये। सब के हाथों में लाठियाँ थीं। सब बहुत उत्तेजित थे। उनमें अन्याय के प्रति विरोध की भावना थी। सबके सब ऐसे लग रहे थे कि वे बहुत ही पवित्र आत्माएँ हैं, धर्मनिष्ठ हैं, समूह रूप से पीड़ा झेलने वाले हैं। धर्म सेना के सेनानी हैं।

उधर मूलकी कर्कश स्वर में गली की लुगाइयों को एकत्रित करके सूरजड़ी की पीठ को दिखा-दिखा कह रही थी—''देखो री, कितनी बेदरदी से मारा है दुष्टों ने। पक्के कसाई हैं। सारी चमड़ी उधेड़ दी है। आने दो बदमासों को गली में, मार-मार कर भुर्ता बना देंगी हम! ले लो हाथ में बेलनें।''

गली वाले मोर्चा जमा कर खड़े थे। थोड़ी देर में एक लड़का भागा-भागा आया। वह बोला—''वे लोग आ रहे हैं। उनके हाथ में लाठियाँ हैं।''

बाबा ने सबको सावधान किया—''जब तक मैं न कहूँ तब तक आपमें से कोई भी लाठी न चलाये।'' फिर उसने अपनी लाठी को जमीन पर पटक कर उसकी मजबूती को आँका। उसने भीड़ को सम्बोधित करके कहा—''मैं उनके पास जाकर आता हूँ।''

कुछ लोगों की राय हुई कि उसे अकेले न जाने दिया जाए। वाद-विवाद के बाद अन्त में यह तय किया गया कि दो-तीन आदमी साथ जाएँ।

वे लोग गये।

गली जहाँ खत्म होती थी, वहाँ पर ढब्बूड़ा, गिरी और अन्य पाँच-सात व्यक्ति खड़े थे। बाबा को देखकर गिरी ने कहा—''तुम बीच में न पड़ो बाबा।''

बाबा ने उसी तेज-तर्रार स्वर में कहा—''यह गुवाड़ का मामला है। गुवाड़ की इज्जत हम सबकी इज्जत है। मैं तुम्हें बताये देता हूँ कि जिस पाँव आये हो, उसी पाँव वापस लौट जाओ।...किसी ने कोई बेजा हरकत की तो खून-खराबा हो जाएगा। इधर की तीस-चालीस लाठियाँ एक साथ उठेंगी।''

''लेकिन बाबा...।''

''सुनो गिरी, इस लेकिन-वेकिन से कुछ भी काम नहीं बनेगा। माधो मेरा भायला है, साथ में काम करता है, मैं उसके साथ लड़ूँगा।...फिर किसी को जबरदस्ती

रुपयों में बेचना, न्याय नहीं।...सूरजड़ी माधो की भौजाई लगती है, सबसे पहला और अधिक हक उसी का ही है। वह उसे न सँभाले तब बात और है। वैसे इस घटना की पुलिस को रिपोर्ट दे दी गयी है। पुलिस आती ही होगी। गुवाड़ पर हमला करने के अपराध में सबको जेल की हवा खानी पड़ेगी। गिरी! तुम यह जानते ही हो कि यहाँ के एस. पी. साहब मेरे साहब के खास दोस्त हैं। उनको भी खबर कर दी है।''

इस पुलिस वाली बात से सब डर गये। सबसे पहले गिरी ने कहा—''चलो, यार चलो, बाद में सब देख लिया जाएगा। पुलिस का लफड़ा बहुत बुरा होता है।...हाजिरी लगाते-लगाते जूतियाँ फट जाएगी चलो...जल्दी चलो।''

बाबा ने यह सोचा कि पुलिस की धमकी ने सबको डरा दिया है। धीरे-धीरे आक्रामक दल चलता बना। जाते-जाते कई तरह की धमकियाँ दे गया।

बाबा ने आकर यह सूचना दी कि सब लोग चले गये हैं।

मूलकी ने कड़ककर कहा—''उन नीचों को क्यों जाने दिया? उनके सिर लाल होने ही चाहिए थे।''

बाबा ने कहा—''बात बढ़ाने से कोई लाभ नहीं। सब काम शान्ति से ही हो गया है।'' फिर वह मूलकी को एकान्त में ले गया। गम्भीर स्वर में बोला—''तुम इस नालायक गधे के बच्चे को समझाओ।''

''अब यह बातों से नहीं मानेगा तो लातों से मानेगा। चलो, घर चलो।'' मौसी ने कठोर स्वर में कहा।

थोड़ी देर बाद घर में एक पंचायत सी हो गयी। मूलकी, बाबा और माधो। सूरजड़ी अपने भीतर के कमरे में बैठी थी। मूलकी और बाबा ने बार-बार एक ही सवाल दोहराया 'भौजाई को घर में डालो, उसे सहारा दे। उसकी रक्षा कर।' और माधो ने अन्त में परेशान होकर कहा—''मेरी समझ में कुछ नहीं आता, जो आपकी मर्जी में आये, वह करें।''

मूलकी खुश हो गयी। वह भागकर सूरजड़ी के पास गयी।

बाबा ने कहा- ''कल यह काम पूरा होगा। सुबह ही सुबह। झाँझरके।''

माधो ने सहमते-सहमते अश्रुपूरित नयनों से नेम-धर्म से घर की खिड़की के रास्ते से परम्परा के अनुसार सूरजड़ी को घर में डाल लिया। नियमानुसार मुख्य दरवाजे से वह भीतर नहीं आ सकती थी। मूलकी ने खुशी से कहा—''ले जल्दी से यह ओढ़ना इस पर डाल दे।''

माधो कुछ देर तक खड़ा रहा। उसकी समझ में नहीं आया कि वह यह क्या करने जा रहा है? फिर भी बाबा के कहने पर उसने विधिवत् सूरजड़ी पर केसरिया रंग का ओढ़ना डाल दिया...सारी गली में देखते-देखते चर्चा फैल गयी कि माधो ने अपनी भौजाई सूरजड़ी से नाता कर लिया है। बड़े धर्म व न्याय का काम किया है।

माधो जल्दी से कपड़े पहनकर घर से बाहर निकल गया। वह शर्म से पानी-पानी हो रहा था। वह सूरजड़ी के सामने अभी नहीं ठहर सकता। सूरजड़ी भी ओढ़ने को सिर पर डाले निर्जीव-सी खड़ी रही। उससे जाते हुए माधो से कुछ भी नहीं कहा गया। वह उसे क्या सम्बोधन करे? चुप! एकदम जड़वत्। वह चला गया। वह ओढ़ने को पकड़कर खड़ी रही, फिर वह दर्पण के सम्मुख आ गयी। केसरिया ओढ़ने में उसका केसरिया रंग एकमेक हो रहा था। वह अपने को देखती रही, देखते-देखते उसकी आँखें भर आयीं। आँसू ढलक पड़े।

दिन भर वह घर को व्यवस्थित करने में लगी रही। मूलकी मौसी बार-बार आकर उसकी मदद करती रही। इस बीच ढब्बूड़ा भी आया था। जब उसने सूरजड़ी को केसरिया ओढ़ने में देखा तब वह आग-बबूला होकर वापस चला गया। अब वह कर ही क्या सकता था? जो होना था, वह तो हो ही गया।

रात को अँधेरा होने के बाद माधो छुपकर लौटा। घर में उजाला था। बरसाली में अलग और कमरे में अलग। साफ-सुथरा घर था। बरसाली की खाट का बिस्तर हट गया था। वहाँ केवल खाट पड़ी थी। उसने दरवाजे पर खड़े-खड़े बाहर की ओर देखा। गली सूनी थी। सन्नाटा छा गया था। सन्नाटे को देखकर उसने मन-ही-मन सोचा कि वह बहुत देर से आया है, जानबूझकर देर से आया है। क्या सूरजड़ी सोयी नहीं। वह भीतर घुसा। भीतर के कमरे से उजाला निकलकर आँगन में पसर गया था। रसोई में अँधेरा था। उसने ज्यों ही जूते खोले, उसे महसूस हुआ कि कमरे में किसी ने खँखारा है। ओह! आज उसका कोई इन्तजार कर रहा है। उसकी भौजाई। नहीं-नहीं अब उसकी भौजाई कैसी। अब तो... अब तो... उसके पाँव रुक गये। जैसे उसकी आत्मा कमजोर हो गयी हो। वह पसीना-पसीना हो गया। उससे भीतर घुसा नहीं गया।

तभी सूरजड़ी बाहर आयी। उसका भेष बदला हुआ था। नया घाघरा, काँचली और ओढ़नी। सजी-सँवरी।

"मैंने सोचा तुम वापस चले गये। वहाँ क्यों खड़े हो?"

वह कुछ नहीं बोला—कमरे के सामने आकर खड़ा हो गया। कमरा भी सज गया था। उसमें एक बिस्तर लगा था। एक बिस्तर को देखकर वह अपने आपको कमजोर समझने लगा। अपराध-बोध का अनुभव किया। पीड़ाओं से भर गया। वह अबोध बालक की तरह प्रश्न कर बैठा—"मेरा बिस्तर तू यहाँ क्यों लायी?" सूरजड़ी ने कोई उत्तर नहीं दिया। उसने एक पल के लिए उसे देखा और बाद में लालटेन को। उसके पास आज इस प्रश्न का कोई उत्तर नहीं था। वह कमरे से बाहर निकलती हुई बोली—"तुम कपड़े बदलो, मैं खाना लाती हूँ।" वह रसोई में चली गयी। माधो कपड़े उतारने लगा। उसको कुछ अजीब-सा लग रहा था और उसे लगना ही था। उसने इस स्थिति की कल्पना ही नहीं की थी। इन क्षणों को भी भोगने की नौबत कभी आएगी, यह उसने सोचा भी नहीं था। उसे लगा कि वह अंगारों से घिर गया है।

सूरजड़ी खाना ले आयी। पानी का गिलास भर दिया। थाली में उसने खाना परोस दिया। परोस कर उसके सामने बैठ गयी। वह धीरे-धीरे खाना खाने लगा। उसे रोटी में कोई स्वाद नहीं लग रहा था। खाता-खाता वह सूरजड़ी की ओर देख लेता था। सूरजड़ी गम्भीर मुद्रा में बैठी थी। दो रोटी खाने के बाद उसने कहा—"मुझे भूख नहीं है। तू खा ले।"

"क्यों?"

"मैंने दफ्तर में कुछ खा लिया था।"

"जब तुम्हें मालूम था कि आज घर में रोटियाँ बनाने वाली आ गयी है फिर...?" एक कठोर सवाल उसकी आँखों में दहका।

वह बिना उत्तर दिये कमरे से बाहर निकल गया। उसने हाथ धो लिये। हाथ धोकर डागले पर चढ़ गया। सावन था पर आज आकाश एकदम साफ और तारों से भरा था। अनगिनत तारे। वह निरुद्देश्य तारों को गिनता रहा। डागले की दीवार पर बैठ गया। गली और सूनी हो गयी थी। आँगन में कुछ खटपट हो रही थी। धीरे-धीरे वह खटपट बन्द हो गयी। उसने आँगन में झाँक कर देखा, बरसाली का प्रकाश मिट गया था। सिर्फ कमरे का प्रकाश अब भी आँगन में फैला हुआ था।

वह धीरे से नीचे उतरा। उसने कमरे में झाँककर देखा। सूरजड़ी बिस्तर पर लेटी हुई थी। धीरे-धीरे पंखा झल रही थी। उसने कमरे के भीतर घुसते हुए कहा—"जब इतनी ही गर्मी है फिर डागले पर क्यों नहीं चली चलती?"

"आज भर नीचे, आज ऊपर नहीं। आज हमारी...।"

"मुझे यहाँ नींद नहीं आएगी?" वह भड़का।

सूरजड़ी कुछ नाराज सी हो गयी। नीची गर्दन करके बोली—"मैं सब जानती हूँ, मैं तुम्हें अच्छी नहीं लगती। मैं जान-बूझकर गले पड़ी हूँ तुम्हारे। पर इसमें अन्याय-अधर्म की क्या बात है? ऐसा हमारे यहाँ होता ही है। कितने ही घरों में ऐसा हुआ है।...सच मुझे तुम्हारे बर्ताव से बड़ा दुःख हो रहा है। कितनी भौजाइयाँ अपने देवरों के घर में हैं? पर तू जानता है कि मैं जूठन हूँ। तुम्हें मुझसे चोखी लुगाई मिल जाती? जरा सोचो, मैंने तुम्हारे लिए अपना कौन सा सुख नहीं छोड़ा...? यदि मेरे पीहर वाले मुझे किसी अच्छे आदमी के पल्ले बाँधते तो मैं तुम्हारे पास नहीं आती। कतई नहीं आती, पर मैं कर्मजली ठहरी। निठोड़ी और कोढ़णी। सुख मेरे भाग्य में है ही नहीं। खैर! मैं तुम्हें नहीं सुहाती हूँ तो चली जाती हूँ।" कहकर वह उठ गयी। उसने ओढ़ने के पल्लू को ठीक किया। भर्राये स्वर में बोली—"मुझे छिमा करना। मैं चली। इस शहर में बहुत से कूवें होंगे ही। कोई-न-कोई तो मुझे अपने यहाँ ठोड़ देगा ही।" वह भर आयी।

और पलक झपकते सूरजड़ी कमरे के बाहर हो गयी। वह आँगन में खड़ी होकर सुबकने लगी। माधो उसकी पीठ को देखता रहा। सोचता रहा कि मैं दफ्तर का बाबू

इसी के बदौलत बना हूँ। यह नहीं होती तो मुझे कौन सँभालता? मैं दर-दर की ठोकरें खाते मेहनत मजूरी करता...कीड़े की तरह जीता। मुझे इस पर दया करनी चाहिए। यह भी धर्म है। वह निःशब्द पाँव उठाता हुआ उसके पीछे आया। धीरे से बोला—"चलो, भीतर चलो।"

वह टस-से-मस नहीं हुई। सुबकती रही। उसने दुःख से अपना मुँह हथेलियों में छुपा लिया था। माधो ने उसका हाथ पकड़ा—"चल अब मुझे तंग न कर, ले, मैं तुझसे माँफी माँगता हूँ।" उसने सूरजड़ी को हाथ जोड़ दिये। सूरजड़ी ने उसके जुड़े हुए हाथों को पकड़कर चूम लिया। रुँधे स्वर में बोली—"मुझे हाथ मत जोड़ो, यह पाप मुझ पर क्यों चढ़ाते हो।" वह भावावेश में माधो के हाथ चूमती रही। माधो उसे कमरे के भीतर ले आया। माधो ने लालटेन बुझा दी। पर वह कई रातों तक सो नहीं सका। हालाँकि सूरजड़ी की बाँहें उससे लिपटती रहीं पर उसे लगा कि जैसे वह ठीक नहीं कर रहा है। कभी-कभी सूरजड़ी नाराज हो जाती थी। एक निर्वीर्यता छा गयी उस पर। जब-जब वह सूरजड़ी को सम्पूर्ण रूप से पाने की कोशिश करता तो उस पर एक शिथिलता छा जाती। वह पूर्ण पुरुष बनने हेतु अपने मानस को बनाने लगा।

आखिर एक रात उसे बाँहों में भरकर सूरजड़ी ने गुस्से में कह ही दिया—"तुम मर्द हो कि नहीं। यदि ऐसे ही कलपा-कलपा कर जिन्दा रखना है तो मुझे मार डालो।"

माधो कुछ नहीं बोला—उदास-उदास सा हो गया। उसे लगा कि जो भी हो रहा है वह आनन्दहीन है। पर अब यह सब होगा ही।...उसे धर्म तो निभाना ही पड़ेगा। दाायित्व को ढोना ही पड़ेगा।

उसने अँधेरा कर लिया।

पहली बार उसने सूरजड़ी को बाँहों में भरा। एक विचित्र उत्तेजना और व्यर्थता की मिली-जुली स्थिति। पर वे सब क्षणिक। फिर वही नपुंसकता। वह शर्म से मर-सा गया।

ओह कितनी पीड़ादायक व नपुंसक स्थितियाँ हैं।

फिर एक दिन वह भाँग पीकर आया। अपने को भुलाकर वह केवल पुरुष बन गया। फिर सब कुछ सामान्य सहज हो गये। सूरजड़ी पत्नी और वह पति।

इस बीच एक-एक करके, पाँच वर्ष बीत गये। इस बीच नाते की वर्ष-गाँठें भी आयी थीं। सूरजड़ी ने तीन बच्चों को जन्म भी दिया था? मूलकी फिर विधवा हो गयी थी। उसका बीमार और कमजोर पति मर गया था। मूलकी उस दिन बहुत रोयी थी सचमुच वह बहुत ही कर्मजली व हतभागिनी है। उसके नसीब में पति का सुख है ही नहीं। वह गृहस्थिन नहीं बन सकती। सभी ने उसे सान्त्वना दी। माधो ने उसे

समझाते हुए कहा था–"न रो मौसी, मरना-जीना इस पृथ्वी पर लगा ही रहेगा। मेरा राम समान भाई मर गया तो हमने क्या कर लिया? धीरज रख। शान्ति रख। मृत्यु के आगे सबको हारना पड़ता है।"

शान्त होना ही था। इस विश्व के वैज्ञानिक व यांत्रिक प्रांगण में बस अब एक ही तो सत्य रह गया है–मृत्यु! इसे कोई नहीं जीत सका। जन्म रोक दिया पर मृत्यु को कोई भी पराजित नहीं कर सका। यह अजय है मृत्यु! यह आती है, मनुष्य पीड़ा के सैलाब में तैरकर फिर शान्त हो जाता है। मूलकी भी चुप हो गयी। सूरजड़ी भी यह भूल गयी थी कि वह कभी विधवा भी हुई थी। तीन बच्चों के होते-होते माधो को भी यह खयाल नहीं रहा कि कोई उसके भाई भी था। कभी-कभी प्रसंगवश अवश्य याद आता। सभी कुछ समयान्तर से विस्मृति के गर्भ में चले जाते हैं। यादें, जो शेष रहती हैं वे भी लोहे के टुकड़े के समान आत्मा के सागर में वक्त आने पर डूब जाती हैं।

रात का गहरा अन्धकार सृष्टि पर छा गया था। स्वतन्त्रता के तीन वर्ष हो गये थे। देश में परिवर्तन व नवजागरण के स्वर सुनायी पड़ने लगे थे। पर यह बस्ती, गली-गुवाड़ जरा से भी नहीं बदले। यहाँ थोड़ा भी परिवर्तन नहीं। हाँ, माधो ने इस बीच अपने मकान को अच्छा और पक्का बना लिया था। उसने मौसी से गिरवी रखा घर अपने नाम लिखा लिया था। अब उस पर उसके अकेले का अधिकार था। कभी-कभी गिरी आ जाता था। रोते हुए कहता था–"मुझे तेरा भाई कालीधार डुबो गया। पूरे पाँच सौ रुपये हैं, चल माधो, तू दो सौ में ही फैसला कर ले।"

माधो उसका कोई उत्तर नहीं देता था। कभी-कभी वह उसको डाँट भी देता था। कह देता था–"तू भी भाई के पास चला जा। वहाँ तुझे पूरे पाँच सौ के पाँच सौ मिल जाएँगे। ब्याज भी ऊपर से।"

जीवन। गतिमान जीवन!

बाहर के अँधेरे को देखकर उस दिन माधो ने कहा–"सन्नू की माँ, सिर्फ आठ बजे हैं पर बाहर ऐसा लगता है कि एक बज गया है। सारे रास्तों में सूनवाड़ (सन्नाटा) बस गया है। सब दुकानें बन्द हैं। गंडक भौंकने लगे हैं।"

"सियाले (सर्दी) की रुत ऐसी ही होती है। रात जल्दी पड़ती है। और दिन देरी से निकलता है।"

भीतर का कमरा। सारे दरवाजे-खिड़कियाँ बन्द। पिछले दो दिनों से शीत लहर चल रही थी। कड़ाके की ठण्ड। हाथ पाँव ओढ़े रहने पर भी ठिठुर रहे थे। माधो के तीनों बच्चे सो गये थे। पहला लड़का, दूसरी लड़की व तीसरा लड़का था। वे दोनों खाना खा चुके थे। एक रजाई में घुसे बैठे थे। अतीत उनके लिए मर गया था। एकदम मर गया था सब विस्मृति के गर्भ में चले गये थे।

"जबरी ठारी (ठण्ड) है। कलेजा काँपे।"

"ठीक कहती हो।" उसने उसे अपने पास खिसका लिया।

बीती बातें न जाने कहाँ मर गयीं।

"तुम बच्चों को गर्म कपड़े क्यों नहीं बनवा देते? पैदा तो धड़ाधड़ कर रहे हो?" उसने उलाहना सा दिया।

"वे बहुत महँगे हैं। रुई की फतोइएँ (जाकटें) बना दो। सस्ती भी रहेगी और उससे सर्दी रुकेगी भी बेसी।"

"कुछ भी बनवा दो पर जल्दी से बनवा दो।"

उसने उसे बाँहों में भरकर कहा—"मेरी जान, आज तारीख 29 है, एक तारीख को तनखा मिलते ही ला दूँगा। सब कपड़े तेरे बच्चों के और एक तेरे ओढ़ने की बढ़िया चादर। गर्म चादर!"

"नहीं नहीं, इतना बेसी पैसा क्यों खर्च करते हो, मेरे लिए तो कोई मोटी चादर ला दो। वह ही काफी होगी।...सन्नू के बापू! कुछ पैसा बचाना चाहिए। मूलकी मौसी कहती है, पैसा आज का परमेश्वर है, जीवन में सबके सहारे टूट जाते हैं पर इसका सहारा मौत तक रहता है बशर्ते यह पास में हो। इसलिए हमें भी पैसा बचाना चाहिए।"

वह कुछ देर तक ऐसे ही पड़ा रहा। सूरजड़ी को अपलक देखता रहा। सूरजड़ी उसके अपलक देखने को ताड़ गयी। शरमा गयी। बोली—"ऐसे क्यों देख रहे हो?"

"ऐसे ही।"

"मुझे ऐसे मत देखा करो।" सूरजड़ी बोली—"मुझे नींद आती है।"

उसने कोई जवाब नहीं दिया। सोचने लगा यह आज भी अच्छी लगती है। भरपूर जोबन में। जैसी इस घर में आयी, ठीक वैसी ही। कोई परिवर्तन नहीं। सचमुच मूलकी मौसी ने मुझको ठीक ही कहा था कि यह तेरे घर को सुरग बना देगी।

उसे याद आयी एक घटना। जब उसके पहला लड़का हुआ था। उसने खूब बधाइयाँ बाँटी थीं। पास-पड़ोस वालों ने उसके डागले पर चढ़-चढ़ कर काँसे की थाली बजायी थी। उन दिनों वह बहुत ही कम घर में रहता था। बाबा की बहू अपने पीहर 'नापासर' गाँव चली गयी थी। वह रात को उसके घर रहता था। उन दिनों मूलकी ने ही उसका घर सँभाला था। मूलकी के नाम के साथ भी उसके मन-प्राण श्रद्धा से भर आते हैं। उसके इस पर बहुत अहसान हैं। सुख की साथी वह भले ही न हो पर दुःख के एक क्षण में वह उसके परिवार से विलग कभी नहीं हुई। सूरजड़ी की उसने अच्छी तरह देखभाल की थी। वह कभी-कभी छुप-छुपकर देखता था—सूरजड़ी का रूप-यौवन जापे के बाद खिल गया है। वह और सुन्दर दिखायी पड़ने लगी है।

जब वह नीति-रीति के अनुसार चालीस दिन बाद सूरजड़ी के पास गया तब वह प्रसन्नता की उत्तेजना में खिल उठा था। ओह! यह कितनी फूटरी हो गयी है?

लगता है—इसका जोबन अभी ही जोर पर आया है। पहली बार माधो ने महसूस किया था कि आज ही उसकी पहली रात है, सुहाग की रात? सूरजड़ी भी शर्म से दोहरी-दोहरी हो रही थी।

फिर वही जीवन! आम लोगों जैसा जीवन। सामान्य सहज। जो पल बीत गया, वह वापस लौटकर नहीं आया। दफ्तर का बाबू माधो आज यह सोचने लगा कि जिस उत्साह व मेहनत से वह दफ्तर का बाबू बना था, उसमें उतना सुख-सन्तोष नहीं है। साल भर में कुछ रुपये बढ़ते हैं और खर्चा उससे अधिक। 20-25 तारीख के होते-होते तो उसकी जेब एकदम खाली हो जाती है। उसके पास कुछ भी नहीं बचता। उसे बेचैनी से पैसों का इन्तजार करना पड़ता है, पहली तारीख की प्रतीक्षा करनी पड़ती है। खाली जेब उसका मन उदास रहता है, उसे बहुत सी बातों में सुख भी नजर नहीं आता।

फिर भी वह उन लोगों से सुखी है जो 'कमठाणे' जाते हैं। थके-टूटे आते हैं और फिर शराब का घूँट लेकर घर में कुहराम मचाते हैं। आजादी के बाद शराब पीने की मात्रा में वृद्धि ही हुई है। मजदूर ज्यादा पीने लगे हैं। उसे लगा कि आजादी के साथ व्यक्तिगत आजादी भी बढ़ गयी है।

"क्या सोचने लगे।" सूरजड़ी ने उसके ध्यान को भंग किया। लालटेन मन्दा हो गया था। छोटा लड़का रोने लगा था। सूरजड़ी ने देखा—पेशाब कर लिया है। उसने नीचे का पोतड़ा बदला। पोतड़ा बदलते-बदलते सूरजड़ी ने कहा—"इस मुन्ने के लिए कुछ दवा लानी ही पड़ेगी। इसे बड़ी जोर से खाँसी आती है, कहीं 'खाँस' न हो जाए।"

"कल जाकर तू ही जयपुर वाले हरिनारायण वैद्य जी को दिखा आना। अच्छे वैद्य जी हैं।"

"मैं दिखाऊँगी।" वह वापस आकर उसके सन्निकट रजाई ओढ़कर बैठ गयी।

रात और गहरी हो गयी थी। बहादुर कुत्ता अशुभ ढंग से भौंक रहा था। सूरजड़ी इस तरह के कुत्ते के भौंकने के साथ आशंकित हो जाती है। वह माधो को जोर से पकड़ लेती है।

माधो पूछता—"क्यों, क्या हुआ री?"

"कुछ भी नहीं। तुम इस कुत्ते को यहाँ से निकलवा दो। यह सदा भौंकता है।"

"भौंकने दो।"

"मुझे डर लगता है।"

"तुम्हें नहीं डरना चाहिए। बेचारा सर्दी के कारण रो रहा होगा। अरी पगली, इनमें भी 'जीव' होता है। वह भी तड़पता-कलपता है।"

वह चुप हो जाती।

अनेक घटनाओं से भरा जीवन अब निश्चित परिधि में आ गया था।

दुःख-सुख की चर्चाओं का अन्त होता था प्यार में। प्यार के क्षण गुजरने के बाद माधो एकान्त की अपेक्षा करता और करता है।

रात गहरी हो गयी थी। एक बार फिर सूरजड़ी के रूप-यौवन की चर्चा की माधो ने। सूरजड़ी ने प्यार से कहा—"लालटेन बुझा दूँ।"

"बिलकुल।"

कमरा अँधेरे से भर गया।

धूप के निकलने के बाद माधो उठा। सारा डागला धूप से भर गया था। माधो बच्चों को लेकर डागले पर चला गया। सब बच्चों को अपने चारों ओर बिठाकर धूप सेवन करने लगा।

धूप तेज थी।

दूर कोई गजर जब नौ बजाने लगा तब वह उठा और नहाने-धोने लगा। सूरजड़ी ने बाजरी का 'खिचड़ा' बना लिया था। वह आग पर पड़ा-पड़ा सीज रहा था। थोड़ी देर आग पर रखा रहने पर खिचड़े का स्वाद अच्छा हो जाता है। वह अपने छोटे बच्चे को लेकर दरवाजे के बीच खड़ी हो गयी। दरवाजे के चारों ओर धूप फैली हुई थी। सुहानी धूप। वह अपने बच्चे को देख रही थी। देखते-देखते वह ममता में डूब गयी। उसे चूमने लगी। उसके बच्चे कितने सुन्दर और प्यारे हैं। मूलकी मौसी ठीक ही कहती है कि तेरे ये दोनों बेटे राम-लखन की तरह ही बहुत पैसा कमाएँगे और तेरी हुक्म पर अपनी जान दे देंगे। और यह छोटा तो राजा के बेटे की तरह लगता है। नाक-नक्शे अपने बाप के और रंग मेरा, एकदम गोरा। वह फिर अपने में डूब गयी। उसके भीतर की माँ ने अपना विराट रूप धारण कर लिया। वह अपने बेटे को छाती से चिपका कर कुछ गुनगुनाने लगी।

दूर से कोई इक्का आता हुआ दिखाई दिया, साथ ही माधो ने पुकारा—"रसोई में क्या देर है, सन्नू की माँ, दफ्तर का टैम हो रहा है। जिमा तो दे।"

"बस तुम जरा कपड़े पहनो, मैं खाना परोसती हूँ।"

इक्का उसी के घर की ओर आ रहा था। धीरे बहुत धीरे। सूरजड़ी ने सोचा कि कोई होगा? फिर भी वह अपनी उत्सुकता को नहीं दबा सकी। इस मजदूर बस्ती में आज इक्का कैसे? आता भी है पर यदा-कदा। इक्का बहुत ही नजदीक आ गया था। वह भीतर चली आयी। शायद उसने मन ही मन सोचा होगा कि भली औरतों को परदेशियों के सामने नहीं आना चाहिए।

इक्का आकर उसी के घर के आगे रुका। इक्के वाला जोर-जोर से घण्टी बजा रहा था। माधो ने धोती पहनते हुए कहा—"अरी सन्नू की माँ, जरा बाहर जाकर देख, कौन आया है? हाथ के इशारे से समझाकर उन्हें रोक।"

सूरजड़ी बच्चे को लिये हुए घूँघट निकालकर बाहर आयी। जैसे ही उसने इक्के में बैठे आदमी को देखा, वह बेतहाशा सी भीतर भागी। उससे बोला नहीं गया। सारा चेहरा सहसा पसीने से भीग गया।

“कौन है?” धोती पहनकर माधो ने पूछा—“अरे, तू इतनी घबरा क्यों रही है? बोलती क्यों नहीं? कोई राक्षस है क्या? तेरी जबान को क्या हो गया है?”

उसने अत्यन्त कठिनता से कहा—“वो...वो...!”

माधो झपटकर बाहर निकला। वह दरवाजे के बीचोंबीच जैसे फँस गया हो, इस तरह रुक गया।

मूलकी आ गयी थी। वह जोर-जोर से चिल्ला रही थी—“अरे भॉनी आ गया है, मरा हुआ भॉनी...भॉनी...भॉनी...भॉनी! यह नाम पल भर में सारे मोहल्ले में फैल गया। घर के आगे भीड़ जमा हो गयी थी। भॉनी को जैसे किसी ने कह दिया हो कि चुप रहना, बिलकुल मौन!”

मूलकी दूसरों की सहायता से सामान उतारने लगी। दो बड़े-बड़े सन्दूक। बिस्तरबन्द में डाला हुआ बिस्तरा। बाल्टियों में फल।

भीड़ जिस उत्साह से आयी थी, थोड़ी देर में उस पर मुर्दनी छा गयी। चिन्ता में घिर गयी वह। आशंकाओं से भर गयी वह।

“अब क्या होगा?” सभी कह रहे थे।

भॉनी चुपचाप बरसाली में चला गया। मूलकी ने भीड़ को हटा दिया था। फिर भी लोग सोच रहे थे—अब क्या होगा? यह बड़ा विचित्र हुआ है। एकदम अनहोनी!

मूलकी ने डाँटते हुए तीव्र स्वर में कहा—“सब ठीक हो जाएगा, इनके अपने घर का मामला है, खुद निपट लेंगे। चलो, तुम सभी लोग अभी चलो। यहाँ कोई नंगी नाच रही है, भागो यहाँ से।”

धीरे-धीरे भीड़ छँट गयी। मूलकी ने उसे इस तरह कहा जैसे घटना घटी ही न हो—“अरे भॉनी! तू भी गजब का आदमी है, मरकर कैसे जिन्दा हो गया?”

भॉनी जैसे चंद पलों में सारा मामला समझ गया। उसकी आत्मा जैसे तड़प उठी। उसकी पीड़ा से दहकती आँखें मानो कह रही थीं कि दुबारा मरने के लिए, मूलकी मौसी दुबारा मरने के लिए। सिर्फ इस अनहोनी को देखने के लिए ही तो जिन्दा हूँ।

माधो का लड़का सन्नू और लड़की बन्नी बरसाली में आ गये थे। एक अजनबी को घर में देखकर वे टुकुर-टुकुर देखने लगे। उनकी स्थिर दृष्टि मानो पूछ रही थी कि यह कौन है! और कोई क्या बताये कि यह उनका क्या लगता है?

“जाओ—छोरा-छोरियो...भागो।” मूलकी ने डाँट बतायी। दोनों बच्चे सहमे-सहमे से हो गये।

मूलकी के होठों पर व्यथा भरी फीकी मुसकान नाच उठी। वह खोखली आत्मीयता से बोली—“ये तेरे माधो के बच्चे हैं रे, बड़े प्यारे बच्चे हैं।”

पत्थर के बने भॉनी ने सोचा–क्यों न हो, अपनी माँ का रंग रूप लेकर आये हैं न? उसका मन क्रोध और विरक्ति दोनों से भर आया। अपने मन की अजीब स्थिति में वह भीतर-ही-भीतर सुलग रहा था–ये लोग कृतघ्न हैं। कितने नीच और कमीने हैं! इनमें इन्सानियत का नामोनिशान नहीं। उसकी इच्छा हुई कि वह सबको पीट-पीटकर जमीन पर सुला दे। सबकी हत्या कर दे।

"पहले नहा-धो लो और कुछ खालो बेटा। जो होना था, वह तो हो गया। अब आगे क्या करना है, इस पर सोचेंगे। जल्दबाजी काम बिगाड़ती है और गुस्सा अनर्थ करा देता है।"

मूलकी ने वहीं से आवाज लगायी–"सूरजड़ी, जरा पानी गर्म कर दे, भॉनी नहाएगा।"

और सूरजड़ी को लगा, भीतर के कमरे में बैठे लगा कि उसके चारों ओर की दीवारें जल रही हैं। सारे प्लास्तर प्लास्तर न रहकर आग की परतें बन गये हैं। वह जहाँ भी स्पर्श करती है, वहाँ आग-सी तपिश महसूस होती है। यह कितनी संकटपूर्ण घड़ी है? मर्मान्तक वेदना से लिपटे क्षण उसके चारों ओर बैठ गये हैं। निर्मम और निष्ठुर पल! वह अपने को निर्जीव-सी महसूस करने लगी। उसे लगा कि उसके दिल में शून्य भर गया है।

जब मूलकी ने उसे आवाज लगायी तब वह अपने आप में इतनी तन्मय थी कि उसे एक बार कुछ भी सुनायी नहीं पड़ा।

मूलकी ने उसे फिर कहा–"क्या बहरी हो गयी है?"

सूरजड़ी से सन्नू से कहलाया–"अभी करती हूँ।"

उसने आकर चूल्हा जलाया। उसके दोनों बच्चे उससे आकर लिपट गये। सन्नू ने पूछा–"माँ यह कौन है?"

सूरजड़ी उसे क्या बताती? उस पिछले नाते को वह किस तरह खत्म करती? किस आधार पर खत्म करती? उसने कोई जवाब नहीं दिया। वह चुपचाप बैठी रही। आँसू उसकी आँखों में आ गये।

धुआँ तेजी से गया था। लकड़ी गीली थी। धुकने लगी। सारी रसोई घुट गयी। घुटन से भर गयी। उसे लगा उसके भीतर भी धुआँ भर गया है। वह घुट रही है।

भॉनी को अत्यन्त गम्भीर मौन देखकर मूलकी भी भयभीत हो गयी। उसे डर लगने लगा। फिर भी वह हटी नहीं। बैठी रही। सूरजड़ी ने चूल्हे में थेपड़ियाँ डालीं। माचिस से आग को ज्वलित किया। भक से आग जली।

वह बाहर आ गयी। उसके साथ-साथ दोनों बच्चे थे। वह अपने कमरे में आकर बैठ गयी। माधो कपड़े पहन रहा था। उसे कपड़े पहनते देखकर वह यन्त्रणा भरे स्वर में पूछ बैठी–"तुम कहाँ जा रहे हो?"

"दफ्तर।"

"मुझे अकेली छोड़कर...नहीं...नहीं...मैं अकेली इस घर में नहीं रहूँगी। मुझे भी ले चलो।"

"कहाँ ले चलूँ?" वह भड़का—"मेरी तो इच्छा होती है कि अपना काला मुँह लेकर कहीं चला जाऊँ, कहीं डूब मरूँ, हे राम!"

"मेरी भी यही इच्छा होती है। हे राम! अब क्या करें?" दोनों बच्चे नादान-से उनकी ओर देख रहे थे। सहमे-सहमे और डरे-डरे।

सूरजड़ी ने आँचल में मुँह छुपाकर रो दिया। पीड़ाएँ और गहरी होकर उसके चेहरे पर तैर गयीं।

"ईश्वर ने आज हमें कितनी बड़ी अग्नि-परीक्षा में डाल दिया है।...कुछ समझ में नहीं आता कि हम क्या करें।"

"मुझे तो तुम गला घोंट कर मार दो।"

माधो कपड़े पहनता रहा। बीच में दुर्वह सन्नाटा छा गया।

"मैं अभी दफ्तर जाकर आता हूँ।" उसने पलायन करना चाहा।

"नहीं-नहीं, मुझे अकेला मत छोड़ो। मैं तुम्हें हाथ जोड़ती हूँ कि मुझे अकेला मत छोड़ो। मैं अकेली घुटकर मर जाऊँगी। अपने आप से डरकर मर जाऊँगी।" उसने उसका हाथ मजबूती से पकड़ लिया।

मूलकी ने बरसाली से आवाज दी—"जरा पानी लाकर रख दो।"

वह इतनी अशक्त हो गयी थी कि उससे उठा नहीं गया। उसने विनीत स्वर में कहा—"तुम अपने भाई को पानी की बाल्टी दे आओ। मुझे लगता है कि मुझमें शक्ति ही नहीं है।"

माधो ने पानी की बाल्टी रख दी। उसने आँगन से ही कहा—"मौसी, पानी रख दिया है।"

भॉनी ने यंत्रवत् स्नान कर लिया। सर्वथा अनिच्छापूर्वक स्नान! मूलकी ने उसके सामने लाकर खाना रखा। उसने थाली खिसका दी।

मौसी ने कहा "ऐसा न कर, यह बेकसूर है। इन्होंने जो किया, नेम-धरम से किया! मजबूरी में किया।"

"मौसी थोड़ा सा जहर ला कर दे दे।" वह भड़का और वह जल्दी से डागले पर चला गया।

धूप ठण्ड की वजह से सुहावनी लग रही थी।

भॉनी टूटा हुआ सा पड़ गया।

उसने दुबारा सोचा—ये लोग कितने कमीने और खुदगर्ज हैं। यह मेरा भाई जिसको मैंने दफ्तर का बाबू बनाया...उफ! कितना कृतघ्न? औरत, औरत जात ही ऐसी होती है! सदा से बेवफा और धोखेबाज! यह तो मेरा भाई था, सगा भाई, दोनों का खून एक! वह अथाह पीड़ा से तिलमिला उठा। उसने अपना बिस्तर मँगवाया और

उसे बिछाकर सो गया। उसे नींद नहीं आयी वह सोचने लगा ये भ्रष्ट और पापी लोग हैं। वह यहाँ क्यों आया? ओह! उसने कितने अरमानों से सपने सजाये थे। वह झूठ-मूठ का मरा ताकि लोग इन्हें तकाजे से तंग न करें। फिर कलकत्ता से आसाम चला गया। आसाम के चाय बागानों में कठोर मेहनत से केवल पेट भराई हुई तो वह वापस कलकत्ता आ गया। वहाँ आकर वह उस दल में शामिल हो गया जो नशीली चीजों का व्यापार करता था। कितने पाप किए हैं उसने, इतना धन संग्रह करने में साथी का खून तक किया उसने। आज भॉनी को पहली बार महसूस हुआ कि उसका खून करना निरर्थक गया। उसे याद आया कि वह एक और व्यक्ति जो उसके दल का खास आदमी था। दोनों पन्द्रह हजार की अफीम बेचने गये थे। दल का उस्ताद भॉनी को बहुत ही चाहता था। आशा से अधिक विश्वास रखता था। भॉनी को पूरे पाँच वर्ष हो गये। अपने समाज से अलग, देश से अलग, परिवार से अलग। वह कब पैसा कमाये और कब वह बीकानेर पहुँचे।

उसे याद है, वह रात-दिन प्रभु से उसकी एक ही इच्छा की पूर्ति की प्रार्थना करता था कि उसने अपने आपको जो मृतक घोषित किया है, वह सिर्फ इसलिए कि वह एक दिन ढेर सारे रुपये कमाएगा और अचानक अपने 'देश' पहुँचेगा। लेकिन उसने पाया कि मेहनत से आदमी सिर्फ रोटी कमा सकता है। केवल अपना पेट भर सकता है। कुछ बचा नहीं सकता और उसे बचाना है, ढेर सारे रुपये बचाने हैं। इतने रुपये जिनसे वह अपने देश जाकर अपना कर्ज चुका सके, अपनी सूरजड़ी के लिए सोने का हार बना सके। अपने छोटे भाई के लिए एक अंग्रेजी ढंग का कोट व पैण्ट बना सके ताकि उसकी सारी जाति भौचक्की रह जाए। इन सब सपनों को पूरा करने के लिए उसने अपने एक साथी की हत्या की। महापाप किया। पन्द्रह हजार रुपये अपने पास रखकर वह सरदार के पास जाकर रोया। उसने अपने शरीर पर कई खरोंचें लगा ली थीं। जिससे उसके सरदार को यह विश्वास हो जाए कि उसने अपने धन को बचाने के लिए बहुत ही संघर्ष व चेष्टाएँ की थीं। पर उसने अपने दोस्त को मार डाला वह खुद अपनी इस नीच करतूत पर हैरान है कि उसने एक आदमी की इतनी सहजता और सफाई से कैसे हत्या कर दी। वह इतना निर्मम-निष्ठुर कैसे बन गया? उसने अभी भी अपने उन बलिष्ठ कठोर हाथों को देखा जो उनके सोये हुए दोस्त की गर्दन के चारों ओर लिपटे थे। वह बेचारा तड़पता रहा और वह राक्षस की तरह उसके प्राणों को निगल गया।...और आज वह सोचता है कि उसके पाप की क्या सार्थकता है? इसके बाद तुरन्त उसने वह मकान छोड़ दिया क्योंकि उसने सरदार को साफ-साफ कह दिया था कि वह यहाँ पर नहीं रह सकता। क्योंकि रात को उसे उसका मरा हुआ दोस्त दिखाई देता था। भय के मारे उसे नींद नहीं आती है। वह अपने आप पर यह सोचकर हैरान हो जाता है कि वह तत्काल कितना अभिनय-प्रवीण हो गया था। जैसे उसके सरदार को विश्वास हो गया कि उसके पीछे

कोई प्रेतात्मा लग गयी है, वह भय से आतंकित है। परेशान है। फिर छुट्टी लेकर बीकानेर चला आया।

दिल्ली में आकर उसने सबसे पहले सूरजड़ी के लिए गहने खरीदे। चाँदनी चौक के दरीबाकलाँ में उसने सोने का एक पूरा सेट खरीदा। भॉनी को याद आया कि उसे हार बहुत अच्छा लगता था। एक रात जब वह उसके बाँहों में थी तब सूरजड़ी ने उसे कहा था—"कभी मेरे लिए एक हार जरूर लाना।" गुजरे पल आज भी उसके सामने सजीव हो गये। वही कोमल स्पर्श। उसका मन बदन टूटने लगा। उफ! ये लोग कितने कमीने हैं। इन्होंने मुझे लूट लिया, तबाह कर दिया। मैं इन्हें जिन्दा नहीं छोड़ूँगा। इनका पाप अक्षम्य है।

उसने करवट बदली। उसे लगा कि उसका अंग-अंग टूट रहा है। सारे शरीर में भारीपन आ गया है।

नीचे एक लड़का रो रहा था। उसकी इच्छा हुई कि वह इसी रोने को लेकर लड़ पड़े। तिल का ताड़ बना दे पर वह बिस्तरे से चिपका रहा। उससे उठा नहीं गया। उसे लगा कि उसे लकवा मार गया है वह दुर्बल हो गया है, वर्षों से बीमार आदमी की तरह।

नीचे माधो सूरजड़ी के लाख मना करने पर भी अपने दफ्तर भाग गया। उसके जाते ही सूरजड़ी को लगा कि उसका सारा शरीर पसीने से भीग गया है। वह प्रतिपल आशंकाओं से घिरती गयी। कहीं वह भीतर आ गया तो?...वह काँप उठी। हे भगवान!

वह जल्दी से अपने बच्चों को लेकर मूलकी के घर में चली गयी। मूलकी आटा पीस रही थी। ढलती उम्र का उसका शरीर अब भी काफी सुगठित था।

"मौसी!" उसने विह्वल होकर कहा—"मैं क्या करूँ मौसी, मुझे बड़ा डर लग रहा है। यह दिन दिखाने से तो अच्छा था कि ईश्वर मुझे उठा लेता।"

"तेरा कोई कसूर नहीं है।" मूलकी ने 'घट्टी' (चक्की) को रोककर कहा—"सारा कसूर उस भॉनी का है। उसे मरने का झूठा समाचार नहीं देना चाहिए था। क्यों उसने झूठे समाचार दिये...अभी वह गुस्से में पागल है। शाम तक गुस्सा ठण्डा होगा तब मैं सब ठीक कर दूँगी। अरे, वह हिये का बहुत ही अच्छा और दयालु है। कुछ-न-कुछ हल निकल जाएगा।"

पहली बार सूरजड़ी को भी लगा कि एक नया सत्य उसने जाना है। सचमुच वह इसमें जरा भी कसूरवार नहीं है। निर्दोष है। उसे राहत-सी लगी। उसकी आँखें भर आयीं। वह रोती-रोती बोली—"मैं ईश्वर की सौगन्ध खाकर कहती हूँ कि नाते के पहले मेरे मन में जरा भी खोट नहीं थी। मैंने अपने और उसके (माधो) बारे में कभी कुछ सोचा ही नहीं था। सिर्फ इसकी (भॉनी) इच्छा को पूरा करने के लिए रात-दिन चूना-ईंट ढोती रही। अब यह मेरे बारे में न जाने क्या-क्या सोच रहा होगा। मैं तो मरी जा रही हूँ। बार-बार इच्छा होती कि कहीं डूब मरूँ।"

"यह पागलपन छोड़ दे। सब ठीक हो जाएगा। जिस परमात्मा ने यह संकट दिया है, अब वही उबारेगा।" वह फिर घट्टी चलाने लगी—"तू यहाँ चुपचाप बैठी रह।"

समय गुजरता जा रहा था।

मूलकी एक बार माधो के घर आकर ऊपर गयी। देखा—भॉनी पूर्ववत पड़ा है। उसका चेहरा एकदम मुरझा गया है। उसकी आँखों में दर्द है, अकथ दर्द, जो कहा नहीं जाता।

"पानी पीओगे?" मौसी ने कहा।

"नहीं।"

"चाय?"

"कह दिया न, मुझे कुछ नहीं चाहिए। मुझे पड़ा रहने दो। एकदम शान्त और अकेला। मुझे मत छेड़ो।...तू नहीं जानती मौसी, मेरे भीतर क्या उबल रहा है? मैं खून-खराबा कर दूँगा।"

मूलकी घबरायी नहीं। भय जैसे एक पल के लिए उसकी आत्मा से दूर चला गया। वह निःशंक-सी बैठ गयी। अपनी समस्त जीवन-महायात्रा और अवस्था की गम्भीरता को अपने स्वर में उँड़ेलती हुई बोली—"तेरे हिये में जो उबल रहा है, जो जल रहा है, उसका जिम्मेदार कौन है?...जरा अपनी छाती पर हाथ रखकर कह कि इसका जिम्मेदार कौन है?...चुप क्यों हो?...बोलते क्यों नहीं?"

एक करेंट-सा गुजर गया भॉनी के हृदय से। सोया-सोया वह बैठ गया। उसकी आँखों में प्रश्न तैर गया।

मूलकी के चेहरे की हल्की झुर्रियाँ गहरी हो गयीं। उसके माथे में बल पड़ गये। वह बोली—"इस बात का सारा दोष तुझ पर है। तू ही इसका जिम्मेदार है। यह आग तूने लगायी है। इन खोटे करमों को तूने किया है।"

"नहीं, मैं इसका जिम्मेदार नहीं हूँ।" वह कड़क कर बोला—"आदमी कितना स्वार्थी हो गया है? ओह! मैं सपने में भी यह सोच नहीं सकता कि कोई मेरा भाई मेरे साथ इतना बड़ा अन्याय करेगा। यह भाई जिसके लिए मैंने क्या नहीं किया? यह औरत जिसके लिए मैं...।"

मूलकी हठात् उठ गयी। बोली—"ठण्डे दिल से सोच, ईश्वर को साक्षी बनाकर सोच, इसमें कौन दोषी है? मैं इतना कह सकती हूँ कि तू नहीं तो ये भी दोषी नहीं हैं। दोष तेरा है तेरा।..."

वह नीचे चली आयी।

भॉनी सोचने लगा—मूलकी ने क्या कहा? वह कहती है कि मैं दोषी हूँ? हाँ भाई मैं ही हूँ। उसने अपने आप से कहा।

धूप बाहर लगे खेजड़े के कारण ढल रही थी। खेजड़े की छाया जिसकी पत्तियों से धूप के टुकड़े बिखर गये थे, उसके बिस्तर व शरीर पर फैल गयी थी। ठीक धूप के इन अनगिनत टुकड़ों की तरह इसके दिल के टुकड़े हो गये थे। असंख्य टुकड़े।

"मैं यह सब नहीं सह सकता। यह असह्य है। उफ! कितनी पीड़ा हो रही है मुझे? कितने प्यार से मैंने इसके लिए जेवर खरीदे, इस सूरजड़ी के लिए, अपनी एक बेवफा औरत के लिए।...कितने अरमान सजाकर मैंने सोचा था—अब जाकर माधो की बड़ी धूमधाम से शादी करूँगा, उसकी बहू को चाँदी के नहीं, सोने के गहने पहनाऊँगा, हमारे समाज में किसी ने भी अपनी बहू को नहीं पहनाये हैं सोने के गहने।"

उसके आन्दोलित होते हुए दिल पर एक धक्का-सा लगा। वह चौंक पड़ा। टन...टन...अन!

बाहर अलखिया बाबा 'टंकोरा' बजाता हुआ गली से गुजर रहा था। लाल कपड़ों में यह बाबा सप्ताह में एक बार इस गुवाड़ में भी आता है। किसी तरह की कोई आवाज नहीं लगाता। सिर्फ टन...टन...टन टन...! लोग श्रद्धा से उसे आटा डाल देते हैं।

उसके टंकारे की टन टन अभी भॉनी को हथोड़े-सी लगी। कोई हथौड़ा मार रहा है उसके अन्तराल पर। जैसे उसके आक्रोश, क्रोध और हिंसा से घिरे इन्सान को पुनः जगा रहा है, कह रहा है, यह सब चीजें कहाँ से लाया है तू? तूने इतने रुपये ईमानदारी और मेहनत से कमाये हैं? बोलता क्यों नहीं? चुप क्यों है? अपने इन हाथों को देख! लाल-लाल इन्सानी खून से रँगे हुए हैं। रक्त-रंजित! अपने मित्र की हत्या की है तूने पापी। एकदम उसका सब कुछ नष्ट होना पाप का ही फल है।

बस पहली बार वह अपने आप से भयभीत हो गया। डर गया। उसे महसूस हुआ कि उसके पास कोई और बैठा है। और उसके अन्तर्मन की बातें सुन रहा है। वह डर गया। तब उसका मन पलायन करने लगा। अपनी मौजूदा स्थितियों व क्षणों से। वह पापी है—महापापी। यह उसके पापों का ही दंड है। एकदम उसका उजड़ना।

वह गहराई से अपने भीतरी संघर्ष में डूबा रहा। फिर नया अनुभव करके उठा और उसने मूलकी को पुकारा—"मौसी, तू जरा गिरी को बुला कर ला।"

"क्यों?"

"मैं उसका सारा कर्ज अदा कर दूँ।"

एकाएक परिवर्तन से मूलकी को जरा आश्चर्य हुआ। वह बाहर निकली। उसने सूरजड़ी को कहा—"जा खाना बना ले।"

सूरजड़ी ने कहा—"मैं तेरे बिना घर में नहीं जाऊँगी। मुझे डर लगता है। मैं कित्ती हतभागण हूँ।"

"मैं अभी आती हूँ।" कहकर मौसी चली गयी। एक सन्नाटा-सा छा गया भॉनी के चारों ओर। वह फिर अपने आप से डरने लगा। उसने सोचा कि वह क्यों डर रहा है? उसे क्या पीड़ा हो रही है? शायद वह अपने आप से डर रहा है, घबरा रहा है।

थोड़ी देर में गिरी आ गया। वह अपना हिसाब करके चला गया। ठण्ड की

ठिठुरती काँपती रात उतर आयी। मूलकी उसके बिस्तर को नीचे ले आयी। वह बरसाली में बैठा रहा। सूरजड़ी अभी तक उसके सामने नहीं आयी थी। वह बैठी-बैठी खाना बना रही थी। उसके सारे बच्चे भीतर के कमरे में दुबके पड़े थे। अजनबी आदमी के प्रति उनमें उत्सुकता जरूर जागी थी पर अपने पिता को न पाकर वे अपने आपको असहाय पा रहे थे।

भॉनी फिर अकेला अपने आप से डरने लगा था। मूलकी की यह बात, तू खुद दोषी है उसे बार-बार सचेत कर रही थी, उसे आघात दे रही थी।

रात और गहरी हो गयी।

मूलकी फिर आयी। उसने खाना परोसा। भॉनी को पहला कौर लेते ही यह लगा कि कहीं इसमें जहर तो नहीं है। वह सहम गया। कुछ क्षणों के लिए उसके हाथ का कौर रुक गया। उसे संकेत करके मूलकी बोली—"खा ले, अरे खा ले रे! हालाँकि दोष तेरा ही है, पर तू चाहे तो पंच फैसला करा ले। पंचों ने कहा तो तुझे तेरी सूरजड़ी वापस मिल जाएगी।"

उसके मुँह का कौर उसके गले में अटक गया। खाँसी आ गयी। मूलकी ने पानी का गिलास दिया, भॉनी ने पिया, वह कुछ देर तक मूलकी की ओर देखता रहा। फिर उसने चणु (हाथ धोने को चणु कहते हैं) करने के बाद मूलकी की ओर देखा। वह अपने आप में खोयी हुई थी। शायद वह भी उलझ गयी होगी—इस विकट समस्या के समाधान हेतु। भॉनी ने थाली खिसका कर उसके ध्यान को भंग किया—"मौसी!"

"अरे, यह क्या? खाता क्यों नहीं? खाने का सोक कितने दिन रखेगा?" मौसी ने बुजुर्गाना लहजे में कहा।

"कुछ अच्छा नहीं लगता है मौसी। बार-बार सोचता हूँ कि इससे तो अच्छा यही रहता कि मैं मर गया होता। सचमुच का मर गया होता।"

मूलकी मौसी ने उपदेशक के स्वर में कहा—"बेटा! करम की गति टालने से नहीं टलती। जिस आदमी को जो देखना होता है, उसे देखना ही पड़ता है। मनुष्य लाख चेष्टा करे पर विधि का लेख नहीं मिटता।"

"लेकिन यह शरीर तो मिट सकता है?"

"पर...। इससे क्या फायदा?"

भॉनी ने अपना सिर पकड़ लिया। झुँझलाहट भरे स्वर में बोला—"फायदा और नुकसान मैं नहीं देखता, मैं सिर्फ इतना ही जानता हूँ कि मुझे कितनी पीड़ा हो रही है?"

"पीड़ा सबको हो रही है। तू सूरजड़ी को देख, जिस औरत ने तुझसे कभी बेवफाई नहीं की, वह आज इस स्थिति में कितना कष्ट पा रही होगी? जो भाई लिछमण की तरह रहा, वह क्या सोचता होगा?...बेटा! तू लाख ही कह, पर इसमें इन दोनों का कोई दोष नहीं है।"

"माधो अभी तक नहीं आया?" बात बदली भॉनी ने।

"बेचारा कैसे आये? गुट्टिया, अरे अपने किसन की बहू, कह रही थी कि माधो बाबा के घर जाकर बच्चे की तरह रोने लगा। बार-बार यही कह रहा था कि इससे तो मर जाना ही अच्छा था, भाई क्या सोचता होगा? जबकि मेरा इसमें कोई दोष नहीं है।"

भॉनी एक बार फिर चिढ़ गया। उसकी इच्छा हुई कि वह पागल की तरह चीख-चीख कर रोये कि दोष सब मेरा है, मेरा है। पर उसने अपने आप को संयत किया। आन्तरिक भीषण संघर्ष से उसका चेहरा कठोर हो गया। विकृत हो गया। उसने अपना मुँह ढक लिया जैसे वह सिर्फ अपने आप से संघर्ष करना चाहता है। मूलकी भी चली गयी। बड़ी देर तक वह सूरजड़ी के पास बैठी रही थी। सूरजड़ी बातचीत करते-करते कई बार रोयी थी। उसके मर्मान्तक रोने को भॉनी ने सुना था। अथाह करुणा थी उसके रोदन में। उसने प्रभु की सौगन्ध खाकर कहा था—"मेरे मन में कोई पाप नहीं था। जब यह चला गया था तब मेरे मन में एक ही बात बैठी हुई थी—इसके छोटे भाई को दफ्तर का बाबू बनाना है। धर्म की लकीर खींच कर हम दोनों जी रहे थे। मुझे यह भाई की तरह लगता था। बाद में इसके मरने का समाचार आया। इसके बाद जो हुआ, उसमें हमारा क्या दोष है?"

मूलकी ने उसे समझाया था—"जो होने वाला है, वह हो जाएगा। इसके लिए परेशान न हो, मैंने भॉनी को साफ-साफ कह दिया है कि वह पंच फैसला करा ले...मैं माधो को ढूँढ़ कर लाती हूँ।"

"ले आ। मुझे अकेली को डर लगता है।"

भॉनी को गुस्सा आया। मन-ही-मन बोला—इसे मुझसे डर लगता है? मैं अब जैसे एकाएक आदमी न रहकर राक्षस बन गया हूँ, इसे निगल जाऊँगा? उसके स्मृति-पटल पर एक छोटा-सा चित्र उभरा...एक दिन वह बहुत ज्यादा पी आया था। उसे उल्टियाँ होने लगी थीं। तब यह आधी रात तक मेरी सेवा करती रही थी। अपनी पलकों को झपकने भी नहीं दिया था। बैठी-बैठी पंखा झलती रही थी। मेरा सिर दबाती रही थी। आधी रात को जब मेरी आँखें खुलीं तब मैंने उसे प्यार से बाँहों में भरकर कहा था—'तू लुगाई नहीं, देवी है। तेरी जैसी लुगाइयाँ ही अपने पतियों की नाव पार लगा सकती हैं।' अपनी प्रशंसा सुनकर यह खुश नहीं हुई बल्कि फफक-फफक कर रोने लगी। मेरी बाँहें और छोटी हो गयीं। मैंने उसे कहा—'अरी, तू रोती क्यों है?'

'तू यह शराब पीना छोड़ दे। यह बहुत रद्दी चीज है।'

'छोड़ दूँगा, छोड़ दूँगा!'

'बस छोड़ दे, मुझे भूत-प्रेत का डर नहीं लगता पर दारू का डर लगता है।'

और आज भॉनी ने सोचा कि भूत-प्रेत से न डरने वाली मुझसे डरने लगी। फिर उसने अपनी दृष्टि से सोचना शुरू किया–'इसके मन में खोट नहीं होती तो यह मुझसे डरती ही क्यों?'

उसके मन में सूरजड़ी को देखने की जिज्ञासा जागी। उसने जोर से कहा–"पानी!"

वह प्रतीक्षा करने लगा। कुछ क्षण बीते होंगे कि सन्नू हाथ में गिलास लिये हुए आ गया। उसने पानी का गिलास रख दिया। उसने इच्छा न रहते हुए भी पानी पिया। वह हतभागे की तरह रजाई में छुप गया जैसे अब उसका कोई दाँव अच्छा नहीं पड़ेगा। भयानक मानसिक संघर्ष के बाद भी उसे नींद आ गयी। जब वह पेशाब करने के लिए उठा तब भीतर के कमरे की बातचीत उसे स्पष्ट सुनाई पड़ रही थी। माधो और सूरजड़ी आपस में बातें कर रहे थे। माधो सूरजड़ी को समझा रहा था–"तू रोती क्यों है सन्नू की माँ, इसमें तेरा और मेरा कोई कसूर नहीं है। जरा सोच यदि तू चम्पले के घर चली जाती तो? सब सत्यानाश हो जाता। मैंने तो समाज व गुवाड़ वालों के दबाव से ऐसा किया है। मैं तो इनकार करता रहा यह सब बेमन हुआ है। ...फिर भाई को चाहिए था कि वह हमें प्राइवेट चिट्ठी लिखता, उसमें इस बात का इशारा करता कि मैंने कर्ज से बचने के लिए यह सब किया है। हमें क्या पता कि वह एक दिन एकाएक इस तरह आ टपकेगा।"

"सचमुच बहुत ही गजब हुआ हैं। इतना गजब कि सोच भी नहीं सकते। कभी खयाल भी नहीं आया कि मैं तुम्हारी बनूँगी। कितने पवित्र और धर्म से हमने जीवन जिया था। सोचती थी कि तुम्हारी शादी करूँगी, वह आएगा पर इसने केवल अपनी ही नहीं, हमारी जिन्दगी में भी आग-पलीता लगा दिया।"

"और क्या, इसमें सारा दोष भाई का हैं। यदि वह अपने आपको मरा हुआ घोषित न करता तो तू मेरे घर में क्यों आती, मैं तुझसे नाता क्यों करता? जरा सोच, ठण्डे दिल से सोच, हमने जो किया है, वह धर्म के अनुसार ही किया है। ऐसा हमारे धर्म और समाज में होता है।" वह एक पल रुककर बोला–"मैं भगवान की सौगन्ध खाकर कहता हूँ कि मेरा साहस भाई के सामने जाने का नहीं हो रहा है। उसकी चुप्पी पर रोना आता है। सोचता हूँ कि सारा दोष उसका होते हुए भी मुझे लगता है कि जो कुछ हुआ है, वह अच्छा नहीं हुआ है।" उसका स्वर भारी हो गया–"इसके बाद भी भाई पंचायत करा सकता है, पंचायत ही क्यों, वह तुझे ऐसे भी ले सकता है।"

सूरजड़ी फफक पड़ी। माधो को मजबूती से पकड़ती हुई बोली–"नहीं नहीं, मेरी मिट्टी क्यों खराब कर रहे हो! मैं अब कहीं भी नहीं जाऊँगी। ऐसी हालत में इधर से उधर, नहीं-नहीं, मैं तेरे पाँव पड़ती हूँ। इससे अच्छा यही होगा कि तुम मुझे जहर लाकर दे दो, मैं खाकर सो जाऊँगी।"

उसकी सिसकियाँ कमरे में से बाहर आकर भॉनी को विचलित कर गयीं। विकल कर गयीं। उसे अहसास हुआ कि हजारों तर्क-वितर्क के बावजूद भी कहीं वही दोषी न हो?

"मेरा इसमें क्या दोष है? मैंने तो तुम्हारा पल्ला दुष्टों से बचने के लिए पकड़ा, धर्म व रीति-नीति से पकड़ा, फिर मुझे क्यों दण्ड दे रहे हो? ये तीन बच्चे? ओह! सन्नू के बापू ऐसा नहीं होना चाहिए, कतई नहीं होना चाहिए। मैं सच कहती हूँ कि कहीं जाकर मर जाऊँगी। यह भी अजीब न्याय है कि दोष कोई और करे और दण्ड कोई और भोगे?" वह एक पल रुककर व्यथा से रोकर बोली–"यह कितना बड़ा अन्याय है कि जो जीवन यात्रा में सुख-सन्तोष से चल रहे हैं, उन्हें कोई उखाड़े उनमें गड़बड़ी करे।"

वह रो पड़ी।

"पर मैं इसका विरोध नहीं करूँगा। उस भाई के लिए मैं अपनी सबसे प्रिय चीज यानी तुझे भी सौंप दूँगा। वह दरअसल एक दयालु आदमी है।" वह खुद रो पड़ा–"मैं नहीं जानता कि मुझे ईश्वर ने किस पाप का यह दण्ड दिया है पर यह सही है, भाई के लिए मैं हर चीज छोड़ सकता हूँ।"

दोनों की सिसकियाँ मिलकर भॉनी के बिस्तर में आकर सो गयीं। भॉनी को लगा कि उसके मन-प्राणों में कुछ पिघल रहा है। वह उठा। आँगन में आया। आकाश तारों से भरा था। उसकी नजर उस कमरे की ओर गयी जिसमें वह भी सोया करता था, इसी सूरजड़ी के साथ, इसी तरह दरवाजा बन्द करके। उसका मन एक बार फिर विपुल विषाद से भर आया। उसने सोचा कि यह सब क्या हो रहा है? वह अपने आप से घबरा उठा। उसने पुनः रजाई में प्रवेश किया। उसे चारों ओर से इस तरह दबा लिया जैसे वह अब किसी भी सिसकी को भीतर आने नहीं देगा। पर वह अपने भीतर उठती हुई सिसकियों को नहीं रोक सका। उसे स्पष्ट लग रहा था कि कोई उसके अन्दर रो रहा है, क्रन्दन कर रहा है।

उसने धीरे-धीरे अपने आपको व्यवस्थित किया। सम्भाला! सोचने लगा–वह सचमुच मर जाए? मान लो मैं मर चुका।...फिर यह जो कुछ हुआ क्या यह गलत हुआ है, ठीक नहीं हुआ है? उसने इस प्रश्न पर अपने समस्त सत्य को केन्द्रित कर दिया। उसे लगा कि जो हुआ है, वह ठीक हुआ है। न्यायसंगत हुआ है। स्वाभाविक हुआ है, धर्म-नीति के अनुसार हुआ है।

ये बातें कोई उसके भीतर से बड़ी निर्भीकता से बोल गया। बोलता रहा। धीरे से एक और आवाज आयी कि इसमें तू अकेला दोषी है, अपराधी है। और ये शब्द समस्त चराचर में समवेत स्वर में गूँज उठे।

वह कितने ही पलों तक अपने अन्तस् में उठती हुई ध्वनियों-प्रतिध्वनियों को सुनता रहा। फिर उसने अपने आपको अपराधी महसूस किया। उसने बदन को छुआ तो वह पसीने से लथपथ था। इतनी कड़ाके की ठण्ड में यह पसीना? कोई भीतर जल रहा है, दहक रहा है। वह बड़ी देर तक अपने आप पर विश्लेषण करता रहा अपने सत्-असत् कर्मों को समझता रहा तो उसने एक बात पायी कि सब व्यर्थ है।

पाप-पुण्य, अच्छा और बुरा, काला और सफेद सब व्यर्थ। एक व्यर्थता के आवरण से सब ढँके हैं। जीवन की चरम उपलब्धि के रूप में मिलती है—एक पीड़ा। शाश्वत पीड़ा। रंग-बिरंगे रूपवाली पीड़ा। जीवन के सतत संघर्ष के पश्चात मुझे क्या मिला सिर्फ पीड़ा। सार्थकता के रूप में क्या मिली—निस्सारता। समय सरकता गया।

वह धीरे-धीरे रोने लगा। उसके मन-प्राण घुल से गये। उसे पहली बार प्रमाणित रूप से यह लगा कि वही दोषी है। वह अब सचमुच अपने आपको मारेगा। उसे मर जाना चाहिए। वह मर्मान्तक वेदनाओं को लेकर नहीं जी सकता। जीना सम्भव नहीं। उसने सोचा—जो जम गये हैं इस जीवन के आँगन में, जो सुख-सन्तोष से चल रहे हैं, इस महायात्रा पर, उन्हें उखाड़ना भी एक अपराध है, पाप है।

वह अपने आप से लड़ता-लड़ता फिर सो गया।

सूरज की पवित्र किरण ने जब उसके घर को छुआ तब भॉनी जागा। उसने अँगड़ाई ली। "मैं काफी स्वस्थ हूँ।" अपने स्वर को काफी सहज-संयत करके उसने पुकारा—"माधो, ओ माधो!" वह सीधा आँगन में आया। सन्नू आँगन में खड़ा था। उसने उसे गोद में लेकर चूमा। फिर उसने माधो से कहा—"अरे! तू मेरे सामने क्यों नहीं आता। वर्षों के बाद तो तेरा भाई आया है? ठीक भई, जब आदमी के दिन बदलते हैं तब सब अपने पराये हो जाते हैं।...सुन, मैं आज रात की गाड़ी से वापस परदेश जा रहा हूँ।"

माधो लपककर बाहर निकला। उसने भॉनी के पाँव पकड़ लिए। पाँवों से लिपटकर रोने लगा फूट-फूट कर।

"उठ, माधो उठ, वही होता है जो भगवान को स्वीकार होता है। देख, मैं रात की गाड़ी से वापस जा रहा हूँ। इतना सारा धन मैं तेरे लिए ही लाया हूँ। बहुत पाप किए हैं। पाप की कमाई का सुख मुझे कैसे मिल सकता है। यह पाप का ही दण्ड है। तू बड़े सुख-सन्तोष से रहना।...उठ!"

फिर वह बाहर चला गया। रात को जब वह लौटा तब अनेक लोग इकट्ठे हो गये थे। सब ने उसे रोकना चाहा पर उसने इतना ही कहा—"सब व्यर्थ है, एकदम व्यर्थ! आज से भॉनी सचमुच मरने के लिए जा रहा है, व्यक्ति की नाम की संज्ञा ही जान-पहचान व सम्बन्धों का अस्तित्व रखती है, आज से सब समाप्त! फिर भॉनी पुनः जीवित नहीं होगा।"

माधो और सूरजड़ी ने घर से उसे अश्रु-भरी विदाई दी। भॉनी जो लाया था, वह सब कुछ छोड़कर चल पड़ा।

स्टेशन!

माधो रोये जा रहा था। भॉनी की आकृति पर एक गहरा अवसाद था...चमकदार पीड़ा। तटस्थ शान्ति। एक अनायास उपजे ज्ञान की दीप्ति।

माधो ने गाड़ी छूटते-छूटते कहा—"यह भी एक सजा है भाई।"

"एक न एक सजा तो सभी को ही भोगनी पड़ती है बेटे।"

गाड़ी चल पड़ी। माधो भी स्टेशन की भीड़ में खो गया।

कहानी समाप्त करते हुए स्वामी जी ने अनन्त आकाश को दृष्टि में भर कर कहा—"जीवन अनेक विचित्रताओं से भरा है। पल-क्षण की कोई निश्चिन्तता नहीं। सब सुख-दुःख का आवरण ओढ़े हुए हैं। सब नश्वर है—सिवाय मृत्यु के। यह मृत्यु ही एक शाश्वत सत्य है। इस सत्य की उपलब्धि जिजीविषा के उत्कट संघर्ष और सत्-असत् कर्मों से प्राप्त होती है। आदमी अपने कर्म का अनुकूल फल न पाकर इस पीड़ा के मर्म और प्रकृति की शक्ति को पहचानता है, तब उसे हर कार्य में व्यर्थता दिखती है। महाघात के पश्चात की उपलब्धि है मृत्यु, और मृत्यु का निरन्तर स्मरण है त्याग, ईश्वर और सत् कर्म! इसी देह-मन्दिर में एक नया जीवन।"

"वह सोचता है—वह व्यर्थ है। इस विपुल-विलास में, अनन्त भोग में, सुख-समृद्धि में अन्ततः पीड़ा है?"

"बन्धु! यह पीड़ा का अनुभव ही मनुष्य को अपनी व्यर्थ की सत्ता का ज्ञान कराता है और वह सोचता है—सब व्यर्थ है। जीवन किसी अनदेखी सत्ता का एक खेल है, हम सब खिलौने हैं, न मालूम कब खिलौने बनाने वाला उसे तोड़ जाए, और किस तरह तोड़ जाए, यह कोई नहीं जानता!"

मैंने देखा—स्वामी जी के तेजस्वी मुख पर करुणा आ बैठी है, वही अनन्त और शाश्वत करुणा।

और मुझे सहसा लगा कि उनकी कहानी का नायक भॉनी कहीं यह स्वामी जी स्वयं तो नहीं हैं?

यह प्रश्न मेरे आत्मलोक में जलता प्रश्न बनकर दीप्त हो गया। मैं कुछ पूछूँ, उसके पहले ही वे आँखों से ओझल हो गये। उनका लोप होता हुआ स्वर सुनाई पड़ रहा था—"भाई राम राम...भाई राम राम...सबको राम...राम...राम...!"

❑❑❑